Berthold Prochownik

Das angebliche Recht auf Arbeit

Eine historische kritische Untersuchung

Berthold Prochownik

Das angebliche Recht auf Arbeit
Eine historische kritische Untersuchung

ISBN/EAN: 9783743453272

Hergestellt in Europa, USA, Kanada, Australien, Japan

Cover: Foto ©ninafisch / pixelio.de

Manufactured and distributed by brebook publishing software (www.brebook.com)

Berthold Prochownik

Das angebliche Recht auf Arbeit

Das

angebliche

Recht auf Arbeit.

Eine

historisch-kritische Untersuchung

von

Dr. Berthold Prochownik.

BERLIN 1891.
PUTTKAMMER & MÜHLBRECHT.
Buchhandlung für Staats- und Rechtswissenschaft.

Dissertation

verfasst und der

Hohen philosophischen Fakultät

der

Universität Heidelberg

zur

Erlangung der philosophischen Doktorwürde

vorgelegt von

Berthold Prochownik.

OCT 2 1908

Druck von Eugen Baum in Viernheim.

In every human being there is a wish
to ameliorate his own condition.
In every experimental science there is
a tendency towards perfection.

(Macaulay, History of England.)

Vorwort.

Es muß sonderbar erscheinen, daß die Frage des Rechtes auf Arbeit bisher eine so ungenügende Behandlung erfahren hat; der Grund hierfür ist wohl darin zu suchen, daß den Anhängern dieser Forderung fast alles fehlte, was sie hätte in stand setzen können, diese Frage wissenschaftlich und nicht in dem Tone gewerbsmäßiger Broschürenschreiberei zu behandeln, während die Wissenschaft diesen Gegenstand wohl für zu unwichtig hielt, um ihn einer umfassenden Widerlegung zu würdigen. Die Quantität der für dieses Recht eintretenden Schriften ist groß; was gegen dasselbe gesagt worden ist, beschränkt sich auf verstreute Aeußerungen über seine Unzweckmäßigkeit und Undurchführbarkeit. Wir meinen nun, daß es nicht nur lohnend, sondern notwendig ist, eine Forderung, für die eine so große Anzahl Stimmen sich erhoben hat, einer genauen Kritik zu unterziehen. Einen derartigen Versuch stellt die vorliegende Schrift dar. Wir beabsichtigen ferner, eine Geschichte der Entwicklung dieser Forderung zu geben, indem wir dieselbe aus den Zeiten und Völkern heraus, in denen sie entstand, erklären wollen. Bei dem großen Umfange des Materials und dem Mangel an Vorarbeiten erschien es schwer, ja fast unmöglich, eine erschöpfende Darstellung zu geben, doch haben wir uns bemüht, nichts Wesentliches unberücksichtigt zu lassen.

Während wir unsere Arbeit niederschrieben, erschien eine neue Schrift zur Verteidigung des fraglichen Rechtes: „Das Recht auf Arbeit" von Haun (Berlin 1889). Diese Schrift konnte uns nur insofern zur Berücksichtigung zwingen, als es angemessen erschien, die wesentlichsten der darin enthaltenen zahlreichen Irrtümer zu berichtigen.

Heidelberg, Januar 1891.

Berthold Prochownik.

Inhaltsverzeichnis.

	Seite
Einleitung	1
Das Recht auf Existenz	4
Die geschichtliche Entwicklung des Rechtes auf Arbeit	14
Vorgeschichte des Rechtes auf Arbeit	14
a. Angebliche Vorgeschichte	14
b. Die Bevölkerungstheorie in den Zeiten vor der Revolution	22
c. Die Vorgeschichte des Rechtes auf Arbeit	27
Die Geschichte des Rechtes auf Arbeit	38
a. Vor 1848	38
b. Das Jahr 1848	53
c. Nach 1848	74
Kritische Untersuchung des Rechtes auf Arbeit	87
a. Billigkeit eines Rechtes auf Arbeit	87
b. Zweckmäßigkeit eines Rechtes auf Arbeit	94
c. Durchführbarkeit eines Rechtes auf Arbeit	96
d. Gerechtigkeit eines Rechtes auf Arbeit	115
Der moderne Pessimismus	118

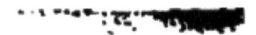

Einleitung.

„Wenn der Gedrückte nirgends Recht kann finden,
Wenn unerträglich wird die Last — greift er
Hinauf getrosten Mutes in den Himmel
Und holt herunter seine ew'gen Rechte". (Schiller, Tell.)
Unter diesen ewigen, Natur-, Ur-, Grund- oder Menschenrechten hat man zu verschiedenen Zeiten die verschiedensten Dinge verstanden, das Recht der Freiheit, der Gleichheit, der Existenz u. a. m. Wir haben es hier mit dem angeblichen Menschenrechte auf Arbeit zu thun. Da nun nicht allein bei dem großen Publikum, sondern selbst bei Schriftstellern, die sich mit diesem Gegenstande beschäftigt haben, die unklarsten Anschauungen über den Begriff des Rechtes auf Arbeit zu finden sind, so ist es vor allem nötig, genau festzustellen, was wir unter dem Recht auf Arbeit zu verstehen haben. Das Recht auf Arbeit ist der Rechtsanspruch jedes Staatsangehörigen an den Staat, (ev. jedes Menschen an die Menschheit); es ist als solches also einklagbar, doch gilt es natürlich nur für den, welcher sich im Zustande der Bedürftigkeit befindet. Der Inhalt des Rechtes ist die Versorgung mit Arbeit, aber nicht etwa gegen die Gewähr eines Existenzminimums, sondern, so ist die Forderung der Sozialisten, gegen angemessenen, dem Wert der Leistung entsprechenden Lohn.[1]) Dieser Lohn soll eine standesgemäße Lebensweise ermöglichen, den Arbeiter in

---

[1]) Viele Sozialisten verlangen sogar, daß dieser Staatslohn auf das Steigen des Privatlohnes einwirken soll, daß er also höher sei.

stand setzen, eine Familie zu gründen und Weib und Kindern ein gesichertes Dasein zu schaffen. Nun wäre es aber ein zweifelhaftes Recht für einen Schreiber oder Weber, sich etwa durch Aufwerfen von Dämmen oder Pflastern von Straßen ernähren zu dürfen. Seine Kräfte würden bei weitem nicht ausreichen, sich hierdurch auch nur den allernotdürftigsten Unterhalt zu verschaffen. Soll daher das Recht auf Arbeit ein Recht und kein Unrecht sein, so muß es eine den Fähigkeiten entsprechende Arbeit verlangen. Ferner fordern die Sozialisten das Recht auf Arbeit vor allem deshalb, weil es die freie Entwickelung der Persönlichkeit bewirken solle, weil es dem Menschen die Erfüllung der sittlichen Aufgabe auf Erden, die ihm als Glied der menschlichen Gemeinschaft, als Mitglied eines Staatswesens gestellt ist, ermöglichen solle. Kein Mensch wird aber so töricht sein zu glauben, daß Steine klopfen die Individualität eines Göthe zu entwickeln vermöge, daß Erde schaufeln die sittliche Aufgabe eines Humboldt erfülle. Das Recht auf Arbeit muß also eine den Anlagen und Neigungen des Betr. entsprechende Arbeit fordern.[1]) Fassen wir jetzt das Gesagte zusammen, so ergiebt sich folgende Definition: Das Recht auf Arbeit ist der einklagbare Rechtsanspruch jedes im Zustande der Bedürftigkeit befindlichen Angehörigen eines Staates an diesen auf eine seinen Fähigkeiten, seinen Anlagen und Neigungen entsprechende und angemessen bezahlte Arbeit.

Vom rein ethischen Standpunkt betrachtet, ist die Forderung des Rechtes auf Arbeit ein Zeuge für die sittliche Vervollkommnung des menschlichen Charakters. Aus dem hungernden Sklaven, dessen Hand bittend nach dem Kleide des Reichen faßt, um sich ein Stück Brot zu erbetteln, ist der seiner Menschenwürde bewußte Arbeiter geworden, der, ob auch mit Not und Elend kämpfend, doch nicht die Stellung aufgeben will, welche die Natur einem jeden Menschen angewiesen hat. Sie verlangen kein Brot, sondern Arbeit, sie fordern kein Mitleid, sondern ihr Recht, oder — was sie für ihr Recht halten. Zwei Jahrtausende hat es gedauert, bis die erwachte Menschenwürde den Ruf „panem et circenses" in den des „Rechtes

---

[1]) Wir werden auf diese beiden letzten Punkte in der Widerlegung des Rechtsanspruches auf Arbeit noch näher einzugehen haben.

auf Arbeit!" verwandelte.¹) Welche großartigen Umwälzungen mußten die Anschauungen, die sittlichen Begriffe der menschlichen Gesellschaft erfahren, um ein derartiges Resultat zu erzeugen! Wenn wir diese Umwandlungen begreifen wollen, so müssen wir die Entstehung des Rechtes auf Arbeit, seine Geschichte festzustellen suchen; denn es ist nicht nur „ein groß Ergötzen, sich in den Geist der Zeiten zu versetzen" sondern eine Bedingung für jegliches Fortarbeiten, auf welchem Gebiet es auch sei.

Bevor wir jedoch hierzu übergehen, haben wir eine wichtige Vorfrage zu diesem Gegenstande, die des „Rechtes auf Existenz" zu erledigen. Von der Stellung zu dieser Frage hängt auch die des Rechtes auf Arbeit ab. Wer das Recht auf Existenz leugnet, der überhebt sich der Mühe einer Diskussion über das auf Arbeit; nur diejenigen, welche jenes in ihrem vollen Umfange anerkennen, können sich in eine Untersuchung über die Forderung des Rechtes auf Arbeit einlassen.

---

¹) Chez les modernes, travailler est plus qu'un droit, c'est une nécessité pour quiconque ne peut vivre sans rien faire. Chez les anciens, travailler était moins qu' un devoir; ce n'était pas même une nécessité pour quiconque était citoyen, fût-il citoyen des plus pauvres.

Moreau-Christophe, Du droit à l'oisivité dans les républiques grecques et romaine. Paris 1849. Introduction, p. II.

Das Recht auf Existenz.

Wenn die Anerkennung eines Rechtes auf Existenz dem Altertum auch völlig unbekannt war, so ist doch „das vermeintlich logische Postulat, die in Not geratenen Arbeiter mit ihren Familien umkommen zu lassen, damit die übrig Bleibenden ein besseres Leben führen können",[1]) nirgends zur Anwendung gekommen.

Wohl nie hat sich in Wahrheit ein Mensch auf den Standpunkt gestellt, welchen Varlin in seiner Verteidigungsrede der Streikenden zu Roubaix [1867] verurteilt, „daß kein Mensch den Arbeiter zwinge, am Leben zu bleiben, sobald er nichts mehr habe, sein Leben zu fristen."[2]) Aber erst den verschiedenen Religionen, besonders der christlichen, blieb es vorbehalten, eine Pflicht der Unterstützung der Notleidenden zu verkünden. Doch eine weite Kluft trennt die Pflicht der Unterstützung von dem Rechte auf eine solche. Dieses Recht auf Unterstützung, auf Existenz anerkannt zu haben, ist eine Errungenschaft der modernen Zeit, hervorgegangen aus der Anerkennung des Rechtes der Persönlichkeit.

Voll und klar ausgesprochen ist dieses Recht nur in der Gesetzgebung Englands.[3]) In anderen Ländern spricht die

---

[1]) Knies, Politische Oekonomie. Braunschweig 1883, S. 345.
[2]) Meyer, Emanzipationskampf des 4. Standes. Berlin 1874, II, S. 549.
[3]) Emminghaus, Das Armenwesen und die Armengesetzgebung in europäischen Staaten. Berlin 1870, S. 12.

Gesetzgebung, soweit sie sich überhaupt mit diesem Gegenstande beschäftigt, nur von einer Pflicht der Unterstützung von Seiten des Staates, so das preußische Landrecht Titel 19, Teil IV, § 1: „Dem Staate kommt es zu, für die Ernährung und Verpflegung derjenigen Bürger zu sorgen, die sich ihren Unterhalt nicht selbst... verschaffen können". Nach dem deutschen Reichsgesetz über den Unterstützungswohnsitz § 61 liegt ebenfalls nur eine Pflicht des Staates zur Unterstützung, kein Recht darauf von Seiten der Staatsangehörigen vor.

Aber selbst in England ist das Recht auf Existenz kein einklagbares, also kein volles Recht vom juristischen Standpunkt. Als wirklich einklagbares Recht bestand es nur in der Gesetzgebung Mecklenburgs.[1]) Doch selbst in den Ländern, in welchen das Recht auf Existenz in der Theorie verworfen wird, wie in Frankreich,[2]) wird dasselbe in der Praxis anerkannt.[3])

In theoretischen Erörterungen hat es nicht an solchen gefehlt, welche dieses Recht des Menschen kurzweg geleugnet haben. So sagt in ähnlichem Gedankengange Herder: „Die Natur braucht Keime, unendlich viel Keime. Sie mußte auf Verluste rechnen, weil Alles zusammengedrängt ist, und Nichts eine Stelle findet, sich ganz zu entwickeln". Denselben Gedanken in der schroffsten Form drückt der bekannte Satz von Malthus aus: „Ein Mensch, welcher eintritt in eine schon okkupirte Welt, hat, falls seine Familie ihn nicht zu ernähren vermag, und niemand seiner Arbeit bedarf, nicht das geringste Recht auf irgend einen Anteil an dem Schatze der Unterhaltsmittel. Er ist durchaus überflüssig auf der Erde, findet kein Gedeck beim großen Gastmahl der Natur. Sie, die Natur, besielt ihm von bannen zu gehen und zögert nicht, den Vollzug ihres Befehles selbst zu erzwingen".[4])

---

[1]) Emminghaus a. a. O. S. 213.
[2]) Ebenda S. 601.
[3]) Vergl. Reitzenstein, Die Armengesetzgebung Frankreichs, im Jahrbuch für Gesetzgebung, herausg. von Schmoller. Leipzig 1881, Jahrg. 5.
[4]) Essay on the principles of population, 1798. Malthus ließ diesen Satz, da er zu viel Anstoß erregte, in den späteren Auflagen seines Buches fort.

Wenn aber diese Schriftsteller kaum geneigt waren, die vollen Konsequenzen ihrer Schlüsse zu ziehen, so giebt es andere, die den hilflosen Zustand der Armen als ein Naturgesetz ansehen und deshalb alle Mittel zur Hilfe als verfehlt betrachten, so u. a. Treitschke in seinem Aufsatz über „Sozialismus und Kommunismus",¹) und E. Fries, der sich mit dem Satze tröstet: „Für den denkenden Menschen ist es nämlich klar, daß der traurige Zustand der Menschen, wonach die Mehrheit derselben zur Armut verdammt ist, seine Ursachen in den unabänderlichen Einrichtungen und Gesetzen der Natur hat". ²)

Andere versuchen die Armen mit religiösen Tröstungen zu entschädigen, so in einer 1849 erschienenen Schrift der Domherr Hirscher in Freiburg. „Das Glück ist so wenig von außenher bedingt, daß zum Beispiel, wer der Gaumenlust und dem Neid entwachsen und bei Gott in Gnaden ist, sich, ob er auch nur Kartoffeln zu essen hätte, nichts weniger als unglücklich fühlt". ³)

Wieder andere sehen die Unterstützung der Armen nicht als ein Recht, sondern nur als Pflicht der Nächstenliebe an, so Thornton: „Nur aus dem Gebote der Nächstenliebe, nicht aus irgend einem Rechte, läßt sich ihre (der Gesellschaft) Verpflichtung herleiten, dem Hungernden Nahrung und dem Unbeschäftigten Arbeit zu verschaffen". ⁴)

Die bei weitem größte Anzahl derer jedoch, welche sich mit diesem Gegenstande beschäftigt haben, erkennen den Menschen ein unbedingtes Recht auf Erhaltung ihres Lebens zu. Wir führen, von der großen Anzahl hierher gehöriger Meinungsäußerungen nur folgende an:

„Ein jeder Mensch soll im Staate die notwendigsten Bedingungen der Erhaltung des Lebens gewährt erhalten, und alle Staaten sorgen auch hierfür durch die Organisation des Armenwesens, wenn sie auch das natürliche Recht, aus

---

¹) Preußische Jahrbücher. Berlin 1874.
²) Fries, Die sogenannte soziale Frage. Zürich 1878, S. 8.
³) Obiger Tröstung schließt sich an: Schwarzkopf, Arbeit und Arbeiter. Heidelberg 1881, S. 18.
⁴) Thornton, Die Arbeit, ihre unberechtigten Ansprüche und berechtigten Forderungen. Uebers. von Schramm. Leipzig 1870, S. 105.

besonderen, in diesen annormalen Zuständen liegenden Gründen, nicht zugleich, durch das Gesetz, als ein formelles Recht anerkennen".[1])

"Alle Angehörigen eines Volkes müssen, soweit dies die Größe des gesamten Volkseinkommens gestattet, und soweit nicht eine persönliche Schuld des Einzelnen es hindert, die Existenzbedürfnisse im absolut unumgänglichen Umfange befriedigen können".[2])

Eine ähnliche Tendenz weist die kaiserliche Botschaft vom 17ten November 1881 auf, in der es u. a. als Ziel hingestellt wird, "den Hilfsbedürftigen größere Sicherheit und Ergiebigkeit des Beistandes, auf den sie Anspruch haben, zu verschaffen."

Wir untersuchen im Folgenden, was sich für und gegen die Anerkennung des Rechtes auf Existenz sagen läßt, jenes Rechtes, das in der That "mit uns geboren ist".

Das Recht auf Existenz ist ein Notrecht, der Hungernde befindet sich im Zustande der Notwehr; für ihn existirt in diesem Falle der staatliche Verband nicht mehr, da er von demselben ausgestoßen ist. Er befindet sich im Naturzustande und ist berechtigt, sich alles dessen zu bemächtigen, was er durch List oder Gewalt erreichen kann; "der alte Urstand der Natur kehrt wieder". Gewalt geht hier vor Recht, denn kein noch so beweiskräftiges Argument wird den Armen überzeugen, daß ein Zustand der Gesellschaft, der einen Teil ihrer Mitglieder zum Hungertode verdammt, ein gerechter sei.[3])

---

[1]) Ahrens, Rechtsphilosophie. Wien 1852, S. 192.
[2]) Wagner, Lehrbuch der politischen Oekonomie. Leipzig 1877, I S. 143.
[3]) Robbertus sagt: "Wir dürfen hier wohl fragen, ob der, welcher nach Brot verlangt und es vor Augen hat, sich mit dem Beweise begnügen wird, daß keins für ihn da sei." Robbertus-Jagetzow, Zur Beleuchtung der sozialen Frage, Teil II. Berlin 1885, S. 200 f. Und ähnlich läßt schon im Jahre 1775 der französische Minister Necker die Arbeitern ausrufen: "Was helfen uns eure Eigentumsgesetze? Wir besitzen ja nichts. Was eure Gesetze der Gerechtigkeit? Wir haben ja nichts zu vertheidigen. Was eure Gesetze der Freiheit? Wenn wir morgen nicht arbeiten, müssen wir verhungern." Ueber den Kornhandel. Uebers. Dresden 1777, S. 293.

„Der oberste Zweck des Individuums ist die Selbsterhaltung, und um diese zu bewirken, ist ihm die Aufgabe gestellt, sich den status quo der Außenwelt nicht gefallen zu lassen, sondern gegen ihn anzukämpfen, überall wo derselbe der Entfaltung des Ichs feindlich gegenübersteht.[1]) Wenn wir ferner nach dem Grunde des Pauperismus forschen, so ergiebt sich, daß durch die Besitznahme des Bodens den Nichtbesitzenden die Mittel, die Gelegenheit zum Arbeiten genommen sind. Die beati possidentes sind also verpflichtet, diese Exproprirten wenigstens durch Gewährung eines Existenzminimums zu entschädigen. Was aber vor allem die Anerkennung und praktische Durchführung des Existenzrechtes als notwendig erscheinen läßt, ist der Standpunkt der Zweckmäßigkeit.

Die Armut ist der Heerd aller Verbrechen und sozialen Krankheiten. Unzählbar ist die Menge derjenigen, welche der Hunger zu Verbrechern gemacht hat. Die Moralstatistik hat nachgewiesen, daß mit jedem Groschen, um den der Brotpreis steigt, die Verbrechen gegen das Eigentum zunehmen.[2]) Der malesuada fames führt gar leicht zum Verbrechen; auch ist die Kunst zu betteln bekanntlich die nächste Verwandte der Kunst zu stehlen. Ebenso groß ist die Einwirkung der Armut auf die Entsittlichung der Bevölkerung,[3]) besonders des weiblichen Teiles. Trunksucht auf der einen und Prostitution auf der anderen Seite rütteln an den Säulen des Familienlebens und stören den übercivilisirten Europäer aus seinem lethargischen Schlummer auf. Unheimlich drohend zeigt uns die Statistik die ungeheure Ansteckungskraft des Verbrechens

---

[1]) Hellwald, Kulturgeschichte. Augsburg 1875, S. 569.

[2]) Elend und Not, rief im Reichstage der Abgeordnete Dr. Wendt aus, erzeugen Verbrechen. Wo Sie in der Geschichte hinsehen, werden Sie finden, wo der Mensch dauernd Hunger leidet, wird er zur Verzweiflung, zum Verbrechen getrieben.
Sten. Ber. über die Verh. des Reichstages vom 12. Mai 1884.

[3]) Im Brantweinrausch sucht der Proletarier, für welchen beim Bankett des Lebens kein Platz ist, momentane Vergessenheit seines Elends. Scherr, Deutsche Kultur- und Sittengeschichte. Leipzig 1884, S. 582. — In Osnabrück waren 1847 von 733 Unterstützten 410 in Folge des Truntes verarmt. Roscher, Ansichten der Volkswirtschaft. Leipzig 1878, S. 81.

und der Unsittlichkeit. Mit Recht vergleicht Prosper Destinée den moralischen Ansteckungsprozeß mit dem Schwingen einer Saite, welches alle Saiten derselben Tonhöhe in Mitschwingung setzt.¹) Ein zweiter wichtiger Punkt sind die aus Hunger, ungenügender Nahrung und elenden Wohnungsverhältnissen entstehenden Krankheiten, deren Verbreitung durch Ansteckung die ganze Gesellschaft bedroht.²)

Eine Pflicht des Staates zur Unterstützung derjenigen, die keine Gelegenheit finden, durch Arbeit ihren Unterhalt zu erwerben, geht schon aus Analogie hervor. Der durch Krankheit oder Altersschwäche Erwerbsunfähige ist nach heutigem Recht unterstützungsberechtigt; weshalb soll der durch Mangel an Arbeitsgelegenheit Erwerbsunfähige nicht dasselbe Recht beanspruchen können, wenigstens in den Fällen, wo keine persönliche Schuld vorliegt, sondern der gebrechliche Zustand der Gesellschaft die Ursache ist? Sucht doch der Staat zwangsweise das Leben der Staatsangehörigen durch Zwangsimpfung und viele andere Institutionen zu schützen (?), er ist also auch verpflichtet, sie vor dem Hungertode zu bewahren.

Eine merkwürdige Erscheinung, auf die schon Louis Blanc hingewiesen hat,³) verdient noch erwähnt zu werden, nämlich die unverhältnismäßig gute Lebensweise in den Gefängnissen, die den Mittellosen leicht zum Verbrechen anreizen kann.⁴) Marx führt nach amtlichen englischen Berichten folgende vergleichende Daten an:

Ein Verbrecher im Gefängnis von
    Portland erhält 183,69 Unzen Nahrung.

---

¹) Schäffle, Bau und Leben des sozialen Körpers. Tübingen 1875, I S. 676.

²) Vergl. Sybel, Die Lehren des heutigen Sozialismus und Kommunismus. Bonn 1872, S. 62 ff. und Cohn, Arbeit und Armut. Im Jahrbuch für Gesetzgebung, her. von Schmoller, Jahrg. 5 (1881), S. 1005.

³) Blanc, Organisation der Arbeit. Ueders. Nordhausen 1847, S. 24 f.

⁴) Es ist ein im täglichen Leben nicht seltener Fall, daß mittellose Menschen die Schaufenster der Läden einschlagen oder ähnlichen Unfug verüben, um auf diesem ungewöhnlichen Wege ein Unterkommen zu erlangen.

Ein Matrose in der königlichen
Marine erhält 187,06 Unzen Nahrung.
Ein Soldat „ 143,98 „ „
Ein Kutschenmacher (Arbeiter) „ 190,82 „ „
Ein Setzer „ 125,19 „ „
Ein Landarbeiter „ 139,08 „ „ [1]

Wie im Evangelium der verlorene Sohn dem ordentlich gebliebenen vorgezogen wird nach dem Grundsatz, daß über einen Sünder, der Buße thut, mehr Freude sei als über neunundneunzig Gerechte (Ev. Lucä 15), so ist es noch heute. Für den entlassenen Sträfling wird in der ausreichendsten Weise gesorgt, wohlthätige Vereine versehen ihn mit Geld und Arbeit: den ehrlichen arbeitslosen Arbeiter läßt man verkommen. Es ist dies der merkwürdige Vorzug des „reuigen Sünders." —

Wir glauben im Vorigen die Richtigkeit der Forderung eines Rechtes auf Existenz nachgewiesen zu haben; betrachten wir nun, was man gegen ein solches Recht für Einwände gemacht hat.

Wäre der Boden, so führt Thornton aus, niemandem zugewiesen, so wäre er auch unbebaut und folglich verhältnismäßig unproduktiv gewesen. . . . Das Höchste, was die Armen durch die Institution des Eigentums eingebüßt haben, ist ihr Anteil an dem, was der Boden hervorgebracht hätte, wäre er niemandem zugewiesen worden. Einen Ersatz für diesen Verlust ist das Höchste, was ihnen die Gesellschaft schuldet. Und die Schuld ist augenscheinlich so unendlich klein, daß die Brosamen, welche von den Tafeln der Reichen fallen, sie reichlich bezahlen. [2] Hiergegen machte schon Stuart Mill den richtigen Einwand, daß es zwischen der absoluten Zueignung des Bodens an Einzelne und der Verweigerung jedes Schutzes für den Genuß seiner Früchte ein Mittelding gebe, nämlich die zeitweilige Zueignung (Pacht), daß also die Schuld an die Armen keineswegs so gering sei. [3]

---

[1] Schäffle, Das gesellschaftliche System der menschlichen Wirthschaft. Tübingen 1873, II 424 f.
[2] Thornton a. a. O. S. 105.
[3] Stuart Mill. Gesammelte Werke, übers. v. Gomperz. Leipzig 1880, XII S. 137.

Man hat ferner gesagt, die Anerkennung des Rechtes auf Existenz lähme die Energie, sie verbreite Unfleiß, Leichtsinn und Verschwendung. Auch dieser Einwand ist unbegründet. Das zu gewährende Existenzminimum muß eben niedriger als der geringste Arbeitslohn bestimmt werden, so daß die Differenz zwischen diesem Minimum und dem Arbeitslohn noch einen genügenden Antrieb zur Thätigkeit bieten kann. Außerdem muß man bedenken, daß die beständige Furcht vor völliger Hilflosigkeit kaum ein Mittel zur Stärkung der Energie sein dürfte, im Gegenteil, sie lähmt und vernichtet dieselbe. Dagegen wird die Gewißheit für den Arbeiter, daß die Armut für ihn und seine Familie niemals bis zum völligen Elend anwachsen kann, ihm Ruhe, Sicherheit und Schaffensfreudigkeit geben.

Man hat weiter die beträchtlichen Mittel zur Durchführung eines solchen Rechtes und die Belastung der Steuerpflichtigen hervorgehoben. Dies würde nun an und für sich keinen Hinderungsgrund für ein klar erkanntes Recht bieten; außerdem steht es ja der Gesellschaft zu, die brach liegende Kraft der Arbeitslosen auszunutzen. „Jedem Recht steht gegenüber eine Pflicht."[1]) Derjenige, welcher von der Gesellschaft Unterstützung beansprucht, ist verpflichtet, ihr alle seine Kräfte zur Verfügung zu stellen. Jedenfalls ist es besser, der Staat sucht die Arbeitslosen nach Möglichkeit gegen Gewährung eines Existenzminimums zu beschäftigen, als daß er abwartet, bis die durch Hunger und Elend krank gewordenen ihm zur Last fallen. Die Gegenpflicht der Arbeitsleistung ist noch aus anderen Gründen geboten, damit nämlich einerseits die auf andere Weise Unterstützten nicht durch Arbeitsangebot zu sehr niedrigem Preise die Löhne drücken, und weil andererseits viele Arbeiter, die außer Beschäftigung sind, dem Gewohnheitsbettel verfallen, und nur ein Teil in besseren Zeiten zu der verlassenen Arbeit zurückkehrt.

Es bleibt noch ein letzter Einwand übrig, daß nämlich die Gewährung dieses Rechtes der Volksvermehrung jegliche Schranken nehmen würde, wie dies die Zustände in England gezeigt haben. Der Einwurf wäre berechtigt, wollte man

---

[1]) Wundt, Ethik. Stuttgart 1886, S. 494.

das Existenzrecht ohne jede Beschränkung anerkennen. Dies darf nicht der Fall sein. Wenn die Gesellschaft die Pflicht der Unterstützung anerkennt, so steht ihr das Recht zu, diesem unterstützten Teile der Bevölkerung gewisse Vorschriften zu machen, vor allem die, die Zahl der Unterstützten nicht zu vergrößern. Ihnen die Ehe und damit die Erlaubnis, beliebig viel neue mittellose Wesen in die Welt zu setzen, gestatten, hieße das Uebel, welches man heilen will, zu einem chronischen machen. Nicht für das kommende, sondern nur für das gegenwärtige Geschlecht kann die Gesellschaft verpflichtet werden, zu garantiren. Diesen Standpunkt vertritt auch Stuart Mill, der „allenfalls den Individuen ein unbedingtes Existenzrecht, nicht aber das Recht, beliebig viel neue Individuen in Existenz zu setzen",[1]) gewährt wissen will.

Eine nicht zu leugnende Schwierigkeit bietet die Bestimmung des Existenzminimums. Jedenfalls muß dies unter dem geringsten üblichen Lohne stehen, wenn dieser auch oftmals nicht den Anforderungen einer menschenwürdigen Lebenshaltung entsprechen mag.

Wir haben also gesehen, daß nicht allein Humanitäts- und Zweckmäßigkeitsgründe, sondern vor allem der Schutz der bestehenden Gesellschaftsordnung es gebieten, dem Armen ein Recht auf die Erhaltung seines Lebens zu gewähren. „Vergebens ist das Ansinnen der Rechtsgesellschaft an den einzelnen Menschen, die bestehenden Rechte zu respektieren, wenn sich dieser einzelne innerhalb des bestehenden Rechtssystems wie ein Vergessener vorkommt, angewiesen auf die wenig trostvolle Aussicht, in diesem System zu verhungern."[2])

Wir haben zum Schluß noch einen Blick auf den Stand dieser Frage im praktischen Leben zu werfen. Ein wirkliches Recht auf Existenz ist, wie schon erwähnt, nirgends in der Gesetzgebung anerkannt, und so wünschenswert dies auch vom Standpunkt der Humanität nicht nur, sondern auch von dem der Vernunft wäre, es ist nur wenig Aussicht vorhanden, daß ein solches Recht bei den vorhandenen gesellschaftlichen Verhältnissen je zur Geltung ge-

---

[1]) A. a. O. VI S. 23.
[2]) Lindner, Ideen zur Psychologie der Gesellschaft. Wien 1871, S. 317.

langen wird. Die praktische Handhabung pflegt allerdings nie ganz so grausam zu sein als das theoretische Gesetz, und so ist es im allgemeinen nicht Usus, die keinen Erwerb findenden Arbeiter verhungern zu lassen. Wer jedoch einigermaßen zu beobachten Gelegenheit hatte, wie und in welcher Gestalt dieses „Almosen" verabreicht zu werden pflegt, mit welcher Härte und Rohheit die damit betrauten niederen Organe der Polizei vielfach verfahren, der muß sich sagen, daß dieses Almosen von einem Recht auf Existenz mindestens eben so weit entfernt ist, als ein Mittagessen in der Volksküche von einem Diner bei „Dressel".

Nachdem wir die Vorfrage des Rechtes auf Existenz untersucht haben und zu dem Resultat der Bejahung dieser Frage gelangt sind, gehen wir nunmehr zu der Besprechung des eigentlichen Gegenstandes unserer Untersuchung, der Forderung des Rechtes auf Arbeit, über. Wir beginnen damit, die Geschichte dieser viel umstrittenen Frage festzustellen.

Die geschichtliche Entwickelung des Rechtes auf Arbeit.

Vorgeschichte des Rechtes auf Arbeit.

a. Angebliche Vorgeschichte.

Es ist in neuerer Zeit eine Manie mancher Geschichts=
schreiber geworden, den Ursprung durchaus moderner Gedanken
und Bewegungen in möglichst frühe Zeiten zurückzuverlegen,
um denselben durch dieses Alter gleichsam den Stempel der
Heiligkeit aufzudrücken, denn „was grau vor Alter ist, das
ist ihm göttlich." Diese Bemühungen, den armen Epigonen
jegliche Originalität abzusprechen, haben besonders in der
volkswirtschaftlichen Wissenschaft zahlreiche Früchte gezeitigt;
kaum giebt es noch irgend einen Lyriker oder Dramatiker
der Vorzeit, dem nicht irgend ein findiger Kopf bewiesen hat,
daß er ein bedeutender Nationalökonom gewesen.

Auch die Frage des Rechtes auf Arbeit hat ihren Alter=
tumsforscher gefunden. „Das Recht auf Arbeit, so belehrt
uns derselbe, ist uralt. Nur ist zunächst, da ja auch das
Einzelwesen erst durch Pflichtgewöhnung zum rechten Gebrauch
und zum vollen Genuß seiner Rechte erzogen wird, in der
Kindheit der Menschheit eine Pflicht zur Arbeit ausgesprochen."[1]
Die Telegraphie ist uralt, nur existirte sie früher in Ge=

---

[1] Haun a. a. O. S. 5.

stalt reitender Boten, könnte man darauf antworten, wenn derartige Albernheiten eine Erwiderung verdienten.

Würdiger der Widerlegung ist die ziemlich allgemein ausgesprochene Ansicht, die heutige Forderung des Rechtes auf Arbeit sei in den Zünften verwirklicht gewesen.

In gewissem Sinne ist diese Behauptung nicht ganz unrichtig. Die Obrigkeit richtete in jenen Zeiten ihr Augenmerk in der That darauf, den Unbeschäftigten nach Möglichkeit Mittel zu ihrer Ernährung zu verschaffen.[1]) Von einem wirklichen Rechte auf Arbeit kann aber bei den Zünften keine Rede sein, sondern höchstens von einem Rechte auf Almosen, das in dem beschränkten Kreise der Zünfte, jedoch durch Selbsthilfe, nicht durch Staatshilfe, durchgeführt wurde. Unterwegs mußte sich der Geselle durch seine Arbeit erhalten, wo aber solche nicht zu finden war, da erhielt er einen bestimmten Betrag als Unterstützung, das Geschenk, wie es offiziell genannt wurde.[2]) Jeder in eine Stadt Kommende sollte, wenn Arbeit vorhanden war, in Arbeit treten, war keine vorhanden, erhielt er das Geschenk.[3]) Um dies Geschenk zu ermöglichen, mußte jeder am Orte arbeitende Geselle wöchentlich ein Bestimmtes beitragen, oder der Bedarf wurde ausgeschlagen. Waren keine Gesellen am Orte in Arbeit, so hatten die Meister dem Zuwandernden für Notdurft, Essen, Trinken und Nachtlager zu sorgen.[4]) Es war dies also eine Einrichtung, wie sie heute ähnlich in den englischen Gewerk-

---

[1]) Vergl. die vielfachen Nachweise bei Schönberg, Zur wirthschaftlichen Bedeutung des Zunftwesens im Mittelalter. Hildebrands Jahrbücher für Nationalökonomie und Statistik. Jena 1867, IX S. 16 ff. — Diese Fürsorge der Obrigkeit tritt z. B. deutlich hervor in einer Bestimmung des Rats zu Lübeck betreffs Uebertragung der Goldschmiedsbuden vom Jahre 1531, welche mit den Worten beginnt: De ersame radt der stadt Lübeck heft in betrachtinge genommen datt na gelegenheitt busser tidt dem ampte der goldtsmede darsulvest an oren neringe aftbrock wert thokamen, und darjumen vor gudt angesehen, darmit de personne dessulven amptes bi lives neringe bliven, ock tho orer kinder erliker versorginge desto beth geraden mochten, deme ampte natogevenn u. s. w. (Wehrmann, Die älteren lübeckischen Zunftrollen. Lübeck 1864, S. 222.)

[2]) Stahl, Das deutsche Handwerk. Gießen 1874, I 372.
[3]) Ebenda S. 378.
[4]) Ebenda 379 f.

vereinen durchgeführt wird, welche jedoch mit einem Recht auf Arbeit absolut nichts zu thun hat.

Man könnte vielleicht noch cum grano salis von einem Recht auf Arbeit der Meister untereinander reden, da jedem durch die fest abgeteilte Zunftordnung der Absatz gesichert war, und nicht mehr das Meisterrecht erlangten, als der Bedarf es verlangte. Doch war dies in Wahrheit nur ein angemaßtes Monopol, das Recht des Stärkeren, sich auf Kosten der Gesellen und vor allem der Nicht=Zünftigen es wohl sein zu lassen. Dann aber beruhten alle jene Institutionen auf Selbsthilfe, auf gegenseitiger Versicherung: ein wesentliches Merkmal der sozialistischen Forderung des Rechtes auf Arbeit liegt jedoch gerade darin, daß man es durch Staatshilfe verlangt.

Es ist also falsch, das Recht auf Arbeit in den Zünften zu suchen.

Die Gewährung der Forderung des Rechtes auf Arbeit hat man ferner in dem Armen=Edikt der Königin Elisabeth vom Jahre 1601 zu finden gemeint.[1]

Die betr. Stelle lautet: Die Armenaufseher haben nach Benehmen mit den Friedensrichtern die nötigen Maßregeln zu ergreifen, um den von ihren Eltern verwahrlosten Kindern, sowie überhaupt allen verheirateten Personen, denen es an Vermögen oder Broterwerb gebricht, Arbeit zu geben, und zu diesem Behuf von allen Grundherrn ihres Kirchspiels eine zur Beschaffung von Hanf, Flachs, Wolle, Eisen oder anderem Arbeitsmaterial genügende Taxe zu erheben. (Act for the relief of the poor: 43 Elizabeth c. 2, 1601 sect. 1.)

In Wahrheit enthält diese Verordnung nur die Bestimmung, die Armen nach Möglichkeit zu beschäftigen, von einem Recht der Armen ist garnicht die Rede; gerade der Rechts=anspruch aber ist das Charakteristische an dieser Forderung.[2]

---

[1] Haun a. a. O. S. 11 und Ofner, Das Recht auf Arbeit. Wien 1885, S. 4.
[2] Dieselbe Ansicht vertritt auch Aschrott, Das englische Armen=wesen. Leipzig 1886, S. 10 ff. (In den staats= und sozialwissenschaftlichen Forschungen, her. von Schmoller.)

Es ist zu verwundern, daß man dieselbe Entdeckung nicht auch in der weit älteren Armenordnung Nürnbergs vom Jahre 1522 gemacht hat. Auch diese verordnet, daß den Personen, die arbeiten können, sobald wie möglich Arbeit nachgewiesen werden solle, um sie der Armut zu entreißen.[1]) Dieselbe Tendenz, welche eben von dem Recht auf Arbeit grundverschieden ist, verfolgt auch das Edikt Franz I. vom Jahre 1536, welches bestimmt, daß arbeitsfähige Arme unbedingt zur Arbeit angehalten werden sollen.[2])

Ein anderer, dem das Recht auf Arbeit aufoktroirt wurde, ist der englische Philosoph Locke.[3]) Herr Haun behauptet kaltblütig, Locks habe das Recht auf Arbeit anerkannt, giebt jedoch vorsichtiger Weise keinen einzigen Beleg, um die Gefahr der Widerlegung zu verringern. In Locke's Werken ist jedoch keine einzige Stelle enthalten, die von einem Rechte auf Arbeit spricht, dagegen manch eine, aus der eine verworrene Phantasie dergleichen herauslesen konnte. Wir geben alle hier zu berücksichtigenden Stellen aus Locke's Werken in wortgetreuer Uebersetzung wieder:

„Die Erde und alles, was sich auf ihr befindet, ist den Menschen zur Erhaltung und Erleichterung ihres Lebens gegeben worden. . . . . . . Die Arbeit seines Körpers und die Werke seiner Hände können wir sein Eigentum nennen."[4])

„Da diese Arbeit das unzweifelhafte Eigentum des Arbeiters ist, kann niemand als er selber ein Recht auf dasjenige haben, was sich einst aus ihr ergeben wird, wenigstens wo noch genug vorhanden ist, das auch andern als gemeinschaftliches Gut überlassen wird. Als Gott die Welt allen Menschen als gemeinsames Gut gab, befahl er den Menschen zu arbeiten, und die Dürftigkeit seiner Lage erheischte es von ihm."[5])

„Da der Mensch, wie bewiesen wurde, mit einem Anrecht auf völlige Freiheit und mit einem unbeschränkten Genuß aller Rechte

---

[1]) Waldau, Vermischte Beiträge zur Geschichte der Stadt Nürnberg. Nürnberg 1789, IV S. 426 ff.
[2]) Siehe Reitzenstein a. a. O. S. 561.
[3]) Haun a. a. O. S. 12.
[4]) Locke, On civil government. Works London 1714, II p. 166.
[5]) Ebenda p. 167.

und Privilegien des Naturrechts, zugleich mit irgend einem andern oder einer Anzahl von Menschen in der Welt geboren wird, ist er von Natur dazu ermächtigt, sein Eigentum, d. h. sein Leben, seine Freiheit und sein Vermögen, gegen die Verletzungen und Angriffe anderer zu schützen."[1])

Man sieht, von einem Recht auf Arbeit ist hier garnicht die Rede, sondern nur von einem Recht auf den vollen Arbeitsertrag und von der Pflicht zur Arbeit. Ferner tritt Locke energisch für das Recht der Arbeit, d. h. für die Gewerbefreiheit ein, und es läßt sich wohl annehmen, daß Haun dieses mit dem Recht auf Arbeit verwechselt hat, da er diesen Irrtum des Oefteren begeht.[2])

Wenn Herr H. dann in dem Satze des Kommunisten Morelly, „Jeder Bürger soll auf öffentliche Kosten unterhalten und beschäftigt werden"[3], das Recht auf Arbeit wiederfindet,[4]) so kann man nur über die Größe staunen, welche eine Begriffsverwirrung zu erreichen im stande ist.

Weiter hat diese hochgesteigerte Begriffsverwirrung, verbunden mit der Unkenntnis der französischen Sprache, in dem bekannten Erlaß Ludwigs XVI. bei Aufhebung der Zünfte (Februar 1876) das Recht der Arbeit, die Gewerbefreiheit, mit dem Recht auf Arbeit verwechselt.[5]) Der betr. Passus der Einleitung dieses von Turgot verfaßten Ediktes lautet ins Deutsche übertragen folgendermaßen:

„Wir schulden es allen Unseren Unterthanen, ihnen den vollen und ganzen Genuß ihrer Rechte zu sichern; besonders schulden Wir diesen Schutz jener Klasse von Menschen, welche, da sie außer ihrer Arbeit und ihrem Fleiß kein anderes Eigentum besitzt, daher um so mehr das Bedürfnis und das Recht hat, diese ihre einzige Existenzquelle im vollen Umfange zu benutzen. [Mit Schmerz haben Wir die vielfachen Verletzungen

---

[1]) Ebenda p. 182.
[2]) Z. B. S. 14 seiner Schrift.
[3]) Der Satz ist aus dem Code de la nature (1775) und lautet im Original: Tout citoyen sera homme public, sustenté, entretenu et occupé aux dépens du public. Siehe Tocqueville, L'ancien régime ou la révolution. Paris 1856, p. 250 f.
[4]) Haun a. a. O. S. 13.
[5]) Ebenda S. 14.

gesehen, welche dieses natürliche und allgemeine Recht durch Einrichtungen erfährt, die allerdings alt sind, die aber weder durch die Zeit, noch durch die herrschende Meinung, noch selbst durch die Handlungen der Autorität, welche sie zu heiligen schien, legitimirt werden konnten. Dieser Wahn ist bei manchen Personen so weit gestiegen, daß sie meinten, das Recht zu arbeiten (droit de travailler) wäre ein königliches Recht, welches der Fürst verkaufen könnte, und welches die Unterthanen erkaufen müßten. Wir beeilen uns, einen derartigen Grundsatz zu verwerfen.] Indem Gott dem Menschen Bedürfnisse gegeben und ihn zur Arbeit genötigt hatte, damit er davon lebe, machte er das Recht zu arbeiten zum Eigentum eines jeden Menschen; und zwar ist dieses das erste, heiligste und unverjährbarste Eigentum von allen. Wir betrachten es daher als eine Unserer ersten Gerechtigkeitspflichten und eine der Unseres Wohlwollens würdigsten Handlungen, Unsere Unterthanen von allen Fesseln zu befreien, welche dieses unverjährbare Menschenrecht beschränkten. Daher wollen Wir die willkürlichen Einrichtungen abschaffen, welche dem Armen nicht erlauben, von seiner Arbeit zu leben."[1])

Diese grobe Verwechslung des droit de travailler (Gewerbefreiheit) mit dem droit au travail scheint bei Haun sogar auf einer absichtlichen Entstellung zu beruhen, denn gerade jene (in unserm Text in [ ] gesetzte) Stelle, aus welcher zur Evidenz hervorgeht, daß nur die Gewerbefreiheit gemeint ist, wird von ihm fortgelassen.

Auch der sonst ziemlich gründliche Marlo ist erstaunlicher Weise in denselben Irrtum verfallen.[2]) Eine weit verbreitete Ansicht, zu der ja auch Bismarck sich bekannt hat, ist es ferner, daß im preußischen Landrecht das Recht auf Arbeit gewährt worden sei.[3])

Die angezogene Stelle lautet:[4])

---
[1]) Edit du roi, portant suppression des jurandes. Oenvres de Turgot, Paris 1844, II p. 302 ff.
[2]) Marlo, Untersuchungen über die Organisation der Arbeit oder System der Weltökonomie. Tübingen 1884, II S. 196.
[3]) Haun a. a. O. S. 14 f. und Stöpel, Soziale Reform III, Das Recht auf Arbeit. Leipzig 1884, S. 14.
[4]) Preußisches Landrecht, Teil II Titel 19.

§ 1. Dem Staate kommt es zu, für die Ernährung und Verpflegung derjenigen Bürger zu sorgen, die sich ihren Unterhalt nicht selbst verschaffen, und denselben auch von anderen Privatpersonen, welche nach besonderen Gesetzen dazu verpflichtet sind, nicht erhalten können.

§ 2. Denjenigen, welchen es nur an Mitteln und Gelegenheit ihren und der Ihrigen Unterhalt selbst zu verdienen, ermangelt, sollen Arbeiten, die ihren Kräften und Fähigkeiten gemäß sind, angewiesen werden.[1])

Wir haben schon vorhin gesagt, das Wesentlichste an der Forderung des Rechtes auf Arbeit ist der Umstand, daß es als Recht verlangt wird. Davon ist jedoch im Pr. Landrecht garnicht die Rede; der § 2 soll nur eine Anweisung für die Versorgung arbeitsfähiger Armen geben, eine Ansicht, die auch Löning[2]) und Menger vertreten,[3]) während Ströll[4]) meint, es sei „gewissermaßen" anerkannt worden.

Das entscheidende Merkmal ist der mangelnde civilrechtliche Anspruch, ohne welchen man von einem Rechte auf Arbeit nicht reden kann. Auch Emminghaus protestirt dagegen, daß aus dem § 2 des Landrechts ein sozialistisches Recht auf Arbeit gegen den Staat gefolgert werde. „Wie wenig daran gedacht werden konnte, sagt er, geht aus der Handhabung des Armenwesens selbst hervor, woraus zu keiner Zeit auf eine direkte materielle Betheiligung des Staates gefolgert werden kann."[5])

Wir haben hiermit die angebliche Vorgeschichte des Rechtes auf Arbeit erledigt. Es giebt noch etliche Schriftsteller vor

---

[1]) In dem ersten Entwurf (1784—88) lauteten diese §§ folgendermaßen:

§ 1. Der Staat ist schuldig, für die Ernährung und Verpflegung derjenigen Bürger zu sorgen, die sich solche selbst zu verschaffen nicht im Stande sind.

§ 2. Denjenigen, welchen es nur an Mitteln und Gelegenheit, ihren Unterhalt zu verdienen, fehlet, muß der Staat Arbeiten, die ihren Kräften und Fähigkeiten gemäß sind, anweisen.

[2]) Handbuch der politischen Oekonomie, her. von Schönberg. Tübingen 1885, III S. 866.

[3]) Menger, Das Recht auf den vollen Arbeitsertrag. Stuttgart 1886, S. 13.

[4]) Ströll, Die staatssozialistische Bewegung in Deutschland. Leipzig 1885, S. 45.

[5]) Emminghaus a. a. O. S. 174.

der Zeit der Revolution, welche diese Frage nahe gestreift haben, näher als viele von denen, welchen man das Recht auf Arbeit aufzuoktroiren versucht hat. Gerade derjenige nun, der sich dieser Frage am meisten genähert hat, ist merkwürdiger Weise den Späherblicken jener Pseudo-Historiker entgangen; dieser Mann ist Montesquieu.

Da es noch irgend einem Schriftsteller einfallen könnte, für M. das Recht auf Arbeit zu reklamiren, geben wir die dahingehenden Stellen aus seinen Werken[1]) hier in wortgetreuer Uebersetzung wieder:

„Wie große Almosen man auch immer einem nackten Menschen auf der Straße giebt, so erfüllen sie doch nicht die Verpflichtungen des Staates, der allen Bürgern einen gesicherten Unterhalt, Nahrung, angemessene Kleidung und eine der Gesundheit nicht allzuschädliche Lebensart schuldig ist."

„Der Reichtum eines Staates setzt viel Gewerbthätigkeit voraus. Es ist unvermeidlich, daß unter einer so großen Menge von Erwerbszweigen immer wenigstens e i n e r danieder-liegt, dessen Arbeiter demgemäß einer wenn auch nur vorübergehenden Not ausgesetzt werden. Alsdann muß der Staat auf schleunige Hilfe bedacht sein, um zu verhindern, daß das Volk Not leide oder einen Aufstand errege."

„In den Handelsländern, in denen viele Leute nichts als ihre Kunst haben, sieht sich der Staat oft genötigt, für die Bedürfnisse der Greise, Kranken und Waisen zu sorgen. Ein gut verwalteter Staat zieht diese Unterstützung aus dem Reichtum der Künste selbst; er giebt den einen Arbeiten, für welche sie geeignet sind; er lehrt die anderen arbeiten, was an sich schon eine Arbeit ausmacht."

Montesquieu erkannte also das Recht auf Existenz als wirkliches Recht an, das zeigt sein Ausdruck: der Staat schuldet u. s. w. (L'état qui doit à tous les citoyens une subsistance assurée etc.); auch sah er ein, daß es für den Staat notwendig ist, denjenigen, welchen er unterstützen muß, mit Arbeit zu versorgen (il donne aux uns les travaux etc.);

---

[1]) Montesquieu, De l'esprit des lois. Londres 1768, III p. 119 f.

von einem Recht auf Arbeit aber ist in seinen Werken nicht die Rede.

Ja, wir gehen sogar noch weiter und behaupten, daß weder er noch irgend einer seiner Zeitgenossen ein Recht auf Arbeit verlangen konnte. Der Grund, aus welchem wir dieses erweisen zu können meinen, ist in einer vor der Revolution (1789) fast allgemein geltenden Anschauung zu suchen, von der im Folgenden die Rede sein soll.

b. Die Bevölkerungstheorie in den Zeiten vor der Revolution.

Es liegt wohl auf der Hand, daß die Forderung eines Rechtes auf Arbeit erst in dem Augenblick entstehen konnte, wo man zu der Ansicht gelangte, daß die vorhandene Volksmenge für die zu beschaffende Arbeit zu groß sei. So lange man glaubte, die Arbeit reiche aus für die nach ihr verlangenden Hände, oder es seien gar zu wenig dieser Hände vorhanden, mußte offenbar diese Forderung dem menschlichen Gedankengange fern bleiben.

Nun war es in der That bis zu den Zeiten der Revolution ein fast allgemeiner Glaube, daß nicht genug Hände für die zu besorgende Arbeit vorhanden seien, daß es das Hauptziel der Regenten sein müsse, die Bevölkerung nach Möglichkeit zu vermehren [1])

Die Gründe, welche zu diesen Anschauungen geführt haben, sind nicht schwer zu finden.

Zahlreiche Kriege hatten seit der Reformation die Bevölkerung Europas dezimirt. In Spanien und Italien griff mit ihrem wirtschaftlichen Verfall eine erschreckende Volksabnahme Platz; in Frankreich und England rief der neue Glaube unaufhörliche Bürgerkriege hervor, die zahllose blutige Opfer forderten. Am meisten aber blutete Deutschland unter den

---

[1]) Auch Locke vertrat diese Ansicht energisch; der Haun'sche Versuch, ihm die Forderung des Rechtes auf Arbeit aufzuoktroiren, erscheint daher um so komischer.

Schrecken des dreißigjährigen Krieges, seine Bevölkerung sank auf weniger als die Hälfte herab. Dazu trat die Einwirkung der modernen Staatsidee, welche auf die conditio sine qua non einer politischen Machtstellung, nämlich Soldaten und Geldmittel, hinwies. So mußte eine zahlreiche und dichte Bevölkerung als die Grundlage einer gedeihlichen Entwicklung des Staates erscheinen.

Diese Populationssucht war die herrschende Lehre in allen Ländern,[1]) sie bildete die Grundlage des Merkantilismus, ohne welche derselbe gar nicht hätte entstehen können.

Ganz besonders hervorstechend ist diese Bevölkerungssucht in Deutschland gewesen. Friedrich der Große vor allem, der die Existenzbedingungen seines Landes nur mit den Waffen in der Hand zu schaffen vermochte, der sich den mächtigsten Staaten jener Zeit allein gegenübergestellt sah, konnte für sein verwüstetes und entvölkertes Land nichts Dringenderes wünschen, als ein durch alle Mittel zu beförderndes Anwachsen der Bevölkerung.

Die hervorragendsten Vertreter dieser Populationsidee in Deutschland waren Süßmilch und Sonnenfels.

Des Längeren setzt ersterer auseinander, welche Hindernisse sich der schnelleren Vermehrung der Bevölkerung entgegenstellen; diese zu beseitigen nennt er eins der „größten Verdienste um den Staat und das Vaterland"[2]).

Ein eifriger Verfechter der Süßmilchschen Ansichten war Friedrich der Große, sowohl in der Theorie als auch in der Praxis. „Jedermann räumt ein, sagt er, daß die Macht

---

[1]) Es würde zu weit führen, die Entwicklung derselben in den verschiedenen Ländern zu verfolgen; wir begnügen uns damit, als uns am meisten interessirend, ihren Ausbau in Deutschland vorzuführen. Für Frankreich erinnern wir nur an die energischeste Formulirung dieses Satzes bei Rousseau: Quelle est la fin de l'association publique? C'est la conservation et la prospérité de ces membres. Et quel est le signe le plus sûr qu'ils se conservent et prospèrent? C'est leur nombre et leur population. — Du contrat social ou principes du droit publique. Amsterdam 1762, p. 113 (Livre III, 9.)

[2]) Vergl. Süßmilch, Die göttliche Ordnung in denen Veränderungen des menschlichen Geschlechts. Berlin 1788, I S. 158—213 (Erste Auflage 1742).

eines Staates keineswegs in der Ausdehnung seiner Grenzen, sondern in der Anzahl seiner Bewohner besteht." "Im Interesse eines Fürsten liegt es also, ein Land zu bevölkern." [1])

Dieselbe Ansicht klingt wieder in einem 1758 erschienenen "Versuch eines Vorschlages, die in Deutschland herum streifenden Diebes-Rotten aus dem Grunde zu vertilgen." "Die Faulheit des gemeinen Volks, heißt es dort, ist nämlich itzo so groß, daß es fast allenthalben an den zu geringen Arbeiten benötigten Leuten fehlet. Und wenn der Hunger mit so wenigem Aufwande als der Durst zu stillen wäre, wenn das Brot nicht mehr als das klare Wasser kostete, so würde man kaum noch die unentbehrlichen Tagelöhner bekommen können." [2])

In der schroffsten Form sprach diese Ansichten der Freiherr von Bielfeld aus:

"Je bevölkerter der Staat ist, so lautet seine Ansicht, desto mehr Bürger finden dort ihren Unterhalt." "Wie die klarsten Wahrheiten, sagt er, ihre Gegner finden, so giebt es auch Politiker, welche behaupten, daß ein Staat zu bevölkert sein kann, daß es der Erde an Getreide mangeln würde, wenn alle Länder von Einwohnern wimmelten u. s. w. Es ist dies eine niedrige und absurde Schlußfolgerung, da sie inhuman ist und der Gründlichkeit entbehrt." [3])

"Die Erfahrung beweist, daß das Verhältnis zwischen der Arbeitsmenge, die man auf den Ackerbau verwendet, und der Menge der Produkte immer in gleicher Progression fortschreitet." [4])

Der eifrigste Verfechter dieser Populationstheorie war Sonnenfels.

---

[1]) Oeuvres de Frédéric le Grand. L Antimachiavel, Chap. V.
[2]) Hannöversche nützliche Sammlungen Nr. 72, S. 17. Es mag hierbei die Aufmerksamkeit auf diese originelle Flugschrift hingelenkt werden, welche in vollem Ernst den Vorschlag macht, den Dieben das Trommelfell zu durchstechen, um sie so zu ihrem ein feines Gehör erfordernden Gewerbe untauglich zu machen!
[3]) Institutions Politiques par monsieur le Baron de Bielfeld. L. de 1767 (Erste Auflage 1760), I p. 134.
[4]) Ebenda II p. 509. — L'expérience prouve que la proportion entre la quantité du travail qu'on employe à l'agriculture et la quantité du produit, marche toujours en progression égale. (Gegenstück hierzu ist der berühmte Malthus'sche Satz.)

„Der Regent, lehrt er, soll nach seinen Kräften die Auswanderung zu verhindern bemüht sein."[1]) „Die Beförderung der Ehen fordert demnach die ganze Aufmerksamkeit des Regenten."[2])

„Die Steuern sollen für Verehelichte erleichtert werden, um das Schließen von Ehen zu befördern."[3]) „Der Einwurf, daß zu viele Menschen einander in der Nahrung hindern, ist blos von dem Geiste des ausschließenden Eigentums eingegeben. Die Menge der Menschen vermehrt vielmehr die Nahrungsmenge, da sie die Verzehrung vergrößert."[4])

Eingehend und mit sichtlicher Vorliebe hat Wieland diese Idee verarbeitet.

„Man sorgt am besten für den Staat, führt er aus, indem man die Vermehrung auf alle nur ersinnliche Weise zu befördern bemüht ist."[5])

„In einem großen und von der Natur reichlich begabten Staate ..... können, wenn er wohl organisirt ist, schwerlich zu viel Menschen sein."[6])

„Der Vorzug, selbst der Schöpfer seiner Unterthanen zu sein, ist ein unterscheidendes Vorrecht der Gottheit. Nichtsdestoweniger kann der König in gewissem Sinne der Schöpfer seines Volkes werden, indem er die Vermehrung, so viel immer möglich, begünstigt; und dies ist seine erste Pflicht."[7])

„Wenn auf diesem ganzen Erdenrunde Menschen sind, die an dem Unentbehrlichen Mangel leiden, so liegt dies wahrlich nicht an der Kargheit der Natur; denn diese hat Vorrat genug, zehnmal mehr Menschen, als sich jemals zugleich auf ihrer Oberfläche befunden haben, reichlich zu ernähren."[7])

„Je mehr sich die Bewohner (unseres Landes) vermehren, je mehr Hände haben wir, die Natur zu bearbeiten; eine

---

[1]) Sonnenfels, Gesammelte Schriften. Wien 1883—87, X S. 381.
[2]) Ebenda S. 382.
[3]) Ebenda S. 387.
[4]) Ebenda S. 416.
[5]) Wieland, Der goldene Spiegel. Ges. Werke, Karlsruhe 1814, VII S. 123.
[6]) Ebenda S. 124.
[7]) Ebenda S. 181.

Quelle, welche desto ergiebiger ist, je größer die Zahl derer ist, die aus ihr schöpfen."[1])

„Der höchste Wohlstand eines .... großen Staates .... hängt von der möglichsten Bevölkerung ab".[2])

An anderer Stelle erklärt er es für „eine Pflicht gegen das menschliche Geschlecht, die Erde zu bevölkern".[3])

Noch kurz vor der Revolution war diese Ansicht fast allgemein giltig.

In einer 1785 erschienenen Schrift heißt es:

„Wir dürfen also sicher den allgemeinen Schluß ziehen, daß in der Handelsgemeinschaft, in der die Staaten Europas unter einander und mit den übrigen Weltteilen stehen, kein Staat in seiner Bevölkerung, überhaupt genommen, zu sehr zunehmen kann, indem es nie so weit gehen wird, daß es an Raum zum Anbau fehlen sollte. Wir werden lange zu arbeiten haben, ehe wir in irgend einem Staate so viele Menschen finden, als daselbst Platz haben können, gemächlich zu wohnen und Gewerbe zu treiben..... Wir haben also in Rücksicht auf die Volksmenge bei der Ausübung der Gewerbe weiter keine Fürsorge nötig, als daß nicht zu einem Gewerbe, auf Kosten anderer Gewerbe, Menschen herbeigezogen werden."[4])

Den gleichen Gedanken, daß die vorhandene Arbeit nicht von dem Wachsen der Volksmenge überholt werden könne, spricht 2 Jahre später der „Staats-, Raths- und Finanzdeputierte" Zoëga aus: „Niemand ist zu bedauern, der in einem Staat bürgerliche Freiheit und Eigentum genießt, und Gesundheit zum Gebrauch seiner Kräfte hat. Unter diesen Bedingungen findet jeder Staatsbürger überall Gelegenheit durch Arbeit zu erwerben, was er für sich selbst und zu den ihm obliegenden Abgaben an den Staat braucht."[5])

---

[1]) Ebenda S. 189.
[2]) Ebenda S. 209.
[3]) Geschichte des weisen Danischmend. Ges. Werke, VIII S. 177 f.
[4]) A. Hennings, Ueber die wahren Quellen des Nationalwohlstandes, Freiheit, Volksmenge, Fleiß u. s. w. Kopenhagen 1785, S. 309.
[5]) Zoëga, Versuch zur Entwickelung fester Begriffe von Arbeit und Handel als den Mitteln zur Beförderung des Wohlstandes. Kopenhagen 1787, S. 28.

Diese allgemein giltige Ansicht von der Unmöglichkeit einer Uebervölkerung (gegen die Malthus 1789 seine berühmte Schrift „Principle of population" schrieb) konnte den Gedanken eines „Rechtes auf Arbeit" garnicht entstehen lassen. Erst die Physiokraten haben mit Erfolg gegen diese Meinung angekämpft und so die Grundlage geschaffen, auf welcher später die Forderung des Rechtes auf Arbeit entstand.[1])

c. Die Vorgeschichte des Rechtes auf Arbeit.

„Die volkswirtschaftliche Theorie zeigt sich in einem nicht nur klar ersichtlichen, sondern auch ganz naturgemäßen Zusammenhang mit der Zeit und dem Volke, denen ihre Urheber angehören."[2])

Wir haben vorhin nachgewiesen, daß die Forderung des Rechtes auf Arbeit in den Zeiten vor der Revolution wegen jener allgemein giltigen Populationsidee garnicht entstehen konnte. Im Folgenden werden wir zu beweisen suchen, daß diese Forderung ein Kind der französischen Revolution ist, daß sie ferner gerade zu jener Zeit notwendig entstehen mußte, und welches die Ursachen waren, die sie erzeugten.

Die Haupterrungenschaft der Philosophie des vorigen Jahrhunderts besteht darin, daß sie der Persönlichkeit zu ihrem

---

[1]) Ganz ist jedoch jene Anschauung von dem Segen einer möglichst großen Volksmenge heute noch nicht in Deutschland verschwunden. Noch jetzt ist es das Palladium jedes Bettlers, „acht unerzogene Kinder" zu besitzen, noch jetzt ist der „Hagestolz" und die „alte Jungfer" gleichsam verachtet, und in dem lobenden Worte „Kindersegen" ist jene Tendenz noch ungeschwächt erhalten. Eins der liebsten Bilder ist dem Deutschen „Lotte im Kreise ihrer (sehr zahlreichen) Geschwister", und in der „Glocke" muß der Vater die Häupter seiner Lieben gar erst „zählen", um zu konstatiren, ob keines fehlt. Sogar öffentliche Belohnungen erhält derjenige, welcher eine ansehnliche Anzahl Kinder in die Welt gesetzt hat, und die allzu gebräuchliche Anwendung des biblischen Gleichnisses von den Vögeln, die nicht säen und nicht ernbten und doch ernährt werden (Ev. Mathäi 6, 26) zeigt, daß die Nachwehen jener alten Populationstheorie noch keineswegs ganz überwunden sind.

[2]) Knies, Pol. Oek. S. 254.

Rechte verhalf, daß sie gleichsam erst die Idee der Persönlichkeit entdeckte. Wenn früher der Mensch lediglich als Glied des großen Ganzen, des Staates, betrachtet wurde, so entdeckte man jetzt nach und nach, daß der Mensch nicht blos ein Kollektivwesen, sondern sozusagen auch „ein Ding an sich" sei. Aus dem Unterthanen mit dem beschränkten Menschenverstande entwickelte sich ein Wesen, das als Individuum genommen werden wollte und etwas ganz Neues, bis dahin Unbekanntes, in sich verspürte, das man mit dem Namen „persönliche Menschenwürde" belegte.

Der erste, welcher das göttliche Recht der Persönlichkeit in seinem vollen Umfange und mit energischer Bestimmtheit aussprach, war Rousseau. Jeglicher Wirksamkeit des Staates setzte er als Ziel das öffentliche Wohl (le bien public), nicht in dem Sinne des Wohls aller nach ihren verschiedenen Lagen und Verhältnissen, sondern des Wohls aller in der allen gleichmäßigen Lage. Le pacte social établit entre les citoyens une telle égalité qu'ils s'engagent tous sous les mêmes conditions, et doivent jouir des mêmes droits erklärt er in seinem Contrat social[1]) (1752), in welchem er den Gedanken der ursprünglichen Gleichheit und Freiheit der einzelnen, der Uebertragung der Staatsgewalt durch das Volk und lediglich für das Volk entschiedener durchführt als alle seine Vorgänger. „Jeder Mensch hat von Natur ein Recht auf alles, was für ihn notwendig ist!"[2]) Dieser Satz läßt die Denkweise Rousseau's am schärfsten erkennen.

Die weitgehenden und leidenschaftlichen Forderungen dieses gewaltigen Denkers wirkten mächtig und nachhaltig. Mit Rousseau beginnt der Aufschwung der politischen Literatur und das plötzliche und doch allgemeine Hervortreten reformatorischer und revolutionärer Ideen.

Einer derjenigen, die mit der größten Energie auf jener von Rousseau gezeigten Bahn weiterschritten und für das Wohl des bisher kaum beachteten Volkes eintraten, war Necker.

---

[1]) p. 41 (Livre II, 4).
[2]) Tout homme a naturellement droit à tout ce qui lui est nécessaire. — Ebenda p. 27 (Livre I, 9).

„Die oberherrschaftliche und gesetzgebende Macht, schreibt er, kann ihre Wohlthätigkeit gegen das Volk nicht anders als dadurch ausüben, daß sie ihm wenigstens die Notdurft, die alles ist, was es bekommt, versichert, es vor Kummer und Besorgnissen dieses Punktes wegen bewahrt."[1]

„Es wäre doch wahrhaftig zum Erstaunen, ruft er an anderer Stelle aus, wenn bei der Aufmerksamkeit des Landesherrn, die er durch seine Gerichtshöfe, bei den kleinsten Streitigkeiten der Bürger über das Mein und Dein, beweisen läßt, man die größte aller seiner Oberaufsichten nicht mit zu seinen Pflichten rechnen wollte, nämlich die Sorgfalt, die beiden Klassen, welche die Gesellschaft teilen, in guter Harmonie zu erhalten, und die heilige Wacht bei den nie verjährenden Rechten der Menschheit; bei jenen Rechten, sage ich, welche so oft durch die übertriebenen Forderungen der Eigentümer gekränkt und vom Volke angefleht werden, wenn es zu leben verlangt, und seine Arbeit und seine Kräfte dafür zum Tausche anbietet."[2]

„Es erwuchsen, um die Worte Lotheissens zu gebrauchen, die Ideen von der Gemeinsamkeit und Brüderlichkeit aller Menschen, von der notwendigen freiheitlichen Entwickelung des Staatswesens, von der Gleichheit aller Bürger vor dem Gesetz, von den unveräußerlichen Menschenrechten zu einer höheren Macht und erzwangen sich allenthalben begeisterte Anerkennung."[3]

Mit dem Erwachen der Persönlichkeit brach sich eine mit jener zusammenhängende Anschauung Bahn, die Anerkennung der Würde der Arbeit.

Im Altertum hatte das Recht des Nichtarbeitens einerseits und der Zwang zur Arbeit andererseits geherrscht. Die Arbeit galt fast allgemein als banausische Beschäftigung, die des freien Mannes unwürdig und Sache der Sklaven sei. Das Christentum lehrte die Pflicht zur Arbeit, die jedoch noch bis zum Ende des vorigen Jahrhunderts kaum anders als ein notwendiges Uebel betrachtet wurde. Die Bibel selbst läßt ja die Arbeit des Menschen als eine Strafe für den Sünden=

---

[1] Necker a. a. O. S. 123.
[2] Ebenda S. 279.
[3] Lotheissen, Literatur und Gesellschaft in Frankreich zur Zeit der Revolution von 1789—94. Wien 1872, S. 2.

fall entstehen. Der Begriff der Würde der Arbeit[1]) ist eine moderne Errungenschaft, die ihre Entstehung einerseits jener schon charakterisirten philosophischen Richtung, andererseits aber der neuen, besonders durch A. Smith hervorgerufenen volkswirtschaftlichen Richtung verdankt. Während die merkantilistische Schule das Kapital, die physiokratische den Grund und Boden als die wichtigsten Faktoren der Produktion betrachtete, erklärte A. Smith die Arbeit für den höchsten und wesentlichsten der erzeugenden Faktoren.

Immer wieder kommt er auf die menschliche Arbeit als auf den Mittelpunkt aller Erörterungen zurück; das durch die Arbeit erworbene Eigentum nennt er das heiligste. Die auch von ihm so oft gebrauchte Devise der „Freiheit und Gleichheit" hatte, wie Knies richtig hervorhebt,[2]) bei seinen Ansichten von der Gleichheit der menschlichen Naturanlagen, doch einen anderen Sinn, als bei den Physiokraten. „Durch sein ganzes Werk zieht sich die zwar vielfach unklare aber starke Sehnsucht die größten Güter für die leidenden Volksklassen zu erobern."[3])

Eine weitere Ursache, welche die Forderung des Rechtes auf Arbeit anbahnte, war der Kampf um das Recht der Arbeit, die Gewerbefreiheit.

War erst das Recht der Arbeit gewährt, so lag es nahe zu sagen: „Was nützen uns eure Rechte, wenn wir morgen keine Arbeit haben, müssen wir verhungern!"

Zur Zeit der Zünfte waren Fabrikation und Absatz derartig geregelt, daß größerem Arbeitsmangel vorgebeugt wurde. Mit dem notwendig sich ergebenden Verfall der Zünfte und der allmäligen Einführung der Gewerbefreiheit war jeder sich selbst überlassen, der wirtschaftlich Schwächere, vor allem aber der Untüchtige und Träge verlor oft sein Brot, und der Ruf nach Arbeit, nach dem Rechte auf Arbeit war die natürliche Folge der Gewerbefreiheit, deren schroffe Uebergänge durch keine schützende Maßregel von seiten der Regierung gemildert wurden.

---

[1]) Dieselbe erstreckt sich jetzt auch auf den früher so gering geschätzten Kaufmannsstand; man denke nur an Freitags „Soll und Haben"!
[2]) Knies a. a. O. S. 276.
[3]) Ebenda S. 278.

Parallel mit diesen Vorgängen lief die allmälig erwachende Erkenntnis, daß der Reichtum des Bodens nicht unerschöpflich sei, und die dadurch entstehende Furcht, daß einmal eine Zeit herannahen könne, in der die Zahl der Menschen zu groß sein werde, um auf der Erde ihre Nahrung zu finden.

Die Urheber dieser Erkenntnis waren die Mitglieder der physiokratischen Schule.

Dadurch, daß sie den Boden für das allein produktive Element erklärten, mußte der Gedanke erzeugt werden, daß die Fruchtbarkeit desselben nicht immer im stande sein werde, mit der Vermehrung der Menschen gleichen Schritt zu halten. Aber noch einen anderen Gedankengang legte die Theorie der Physiokraten nahe.

War man zu der Ansicht gelangt, daß der Grund und Boden das allein produktive Element sei, mußte man ferner, was Rousseau lehrte, daß der Boden ursprünglich niemandem gehört hatte, so lag die Schlußfolgerung aus diesen Sätzen auf der Hand.

Wovon sollen wir denn leben, mußte sich der Besitzlose fragen, wenn diese einzige Quelle der Gütererzeugung uns geraubt ist? Sind wir nicht Sklaven derjenigen, die den Boden okkupiert haben? Ist es nicht Pflicht der Bodenbesitzer uns, da wir ohne den Boden erwerbsunfähig sind, als Aequivalent ein Recht auf Arbeit zu gewähren, damit unser Leben gesichert werde? Diese Fragen lagen auf der Hand, und sie wurden gestellt.[1])

So hat auch die physiokratische Schule, allerdings sehr gegen ihren Willen, dem Sozialismus das Feld geebnet, um so mehr, da sie durch ihr energisches Betonen des Naturrechtes und durch ihr schonungsloses Urteil über die Grundsätze der herrschenden Stände ein wichtiger Faktor jenes Zeitalters der Opposition wurde.

Eine weitere Ursache, welche die Forderung des Rechtes auf Arbeit erzeugte, war die Erfindung der Dampfkraft, die Einführung der Maschinen. Die Dampfkraft veränderte fast mit einem

---

[1]) Auf die angedeutete Weise begründeten u. a. Considérant, Samter, Stöpel und George das Recht auf Arbeit.

Schlage die Arbeits- und Produktionsverhältnisse aller Länder, denn durch die Dampfmaschine gewann die Wirkung der Faktoren Natur und Kapital einen riesigen Aufschwung, gab ihr ein kolossales Uebergewicht über den dritten Faktor, die Arbeit. Sie führte zu einer schrankenlosen Konkurrenz der Arbeitgeber unter einander, und diese Konkurrenz nötigte sie, die Bedingungen der Arbeit immer härter für den Arbeiter zu gestalten. Dazu kam, daß durch die Maschine der Wechsel von Angebot und Nachfrage immer größer, unvermittelter und zufälliger wurde, wodurch Handelskrisen und in ihrem Gefolge temporäre Arbeitslosigkeit großer Mengen von Arbeitern immer häufiger wurden. Auch hatte früher, wo der Arbeiter in der Familie des Arbeitgebers lebte, dieser ein nicht nur menschliches, sondern auch praktisches Interesse daran, den Arbeiter in schlechten Zeiten zu behalten, selbst wenn er zeitweise keine Beschäftigung für ihn hatte. Dies fiel bei der Fabrikarbeit fort, der Arbeiter war daher jeder Schwankung im Erwerbsleben rettungslos preisgegeben.

Der Arbeiter fühlte, daß er allein mit seiner schwachen Kraft nicht fähig sei, sich in den schwankenden Erwerbsverhältnissen dieser neuen Aera zu behaupten, und der Ruf nach Staatshilfe mußte in seinem Herzen laut werden. So hat die Erfindung des Dampfes vor allen andern Faktoren den Ruf nach dem Rechte auf Arbeit erzeugt.

Wer es liebt, die Entstehung neuer Ideen auf bestimmte Zeitpunkte zu firiren, könnte wohl das Jahr 1775 als dasjenige bezeichnen, welches den Grundstein zu der Forderung des Rechtes auf Arbeit legte.

1775 konstruirte Arkwright seine berühmte Baumwollenmaschine, die mit elementarer Gewalt in das Erwerbsleben der niederen Klassen eingriff; in demselben Jahre schrieb Necker seine mächtig wirkende Schrift „Ueber den Kornhandel". Ein Jahr später (1776) erschien A. Smith's grundlegendes Werk, und zu gleicher Zeit (Februar 1776) verkündete Turgot in Frankreich dem bedrückten Volke die Gewerbefreiheit, welche alle Arbeiter Frankreichs in einen Freudentaumel versetzte.

Doch länger noch als ein Jahrzehnt dauerte es, bis die aus allen Poren hervorquellende Unzufriedenheit mit den bestehenden Zuständen ihren Ausdruck in dem Rufe nach dem Recht auf Arbeit fand.

Parallel mit diesen geistigen und kulturellen Ursachen lief eine sehr materielle, nämlich die sich von Tag zu Tag steigernde Not der Massen.

„Der Mangel an Brot ist der Grund dieser ersten Dramen der Revolution gewesen," sagt Goncourt.[1]) Dieses Wort kann man mit unzweifelhafter Berechtigung auf alle Revolutionen anwenden.

Vom 17. Jahrhundert an läßt sich in Frankreich ein eben so schnelles wie sicheres Anwachsen der allgemeinen Verarmung konstatiren.

Schon von dem äußerlich so blühend erscheinenden Zeitalter Ludwigs XIV. sagt ein so glaubwürdiger Zeuge wie Vauban: „Ein Zehntel des Volkes ist an den Bettelstab gebracht und bettelt thatsächlich; von den neun anderen Zehnteln sind es fünf, die an jenes Zehntel nicht einmal ein Almosen verabreichen können, weil sie selbst in einer unglücklichen Lage sind."[2]) Kurz vorher (1697) hatte Boisguillebert verzweifelnd ausgerufen: „Frankreich leidet an der Fäulnis!"[3]) Und Fénélon erklärte, daß „das Volk nicht mehr nach Menschenart lebe."[4])

Die Mißwirtschaft unter Ludwig XIV. wurde von seinem Nachfolger getreulich und mit noch größeren Erfolgen in der Aussaugung des Volkes fortgesetzt. Der Finanzminister Ludwigs XV., Abbé Terray, häufte Steuern auf Steuern. „Wozu anders bin ich da?" sagte er. Auf die Klagen der Bedrückten hatte er nichts zu sagen, als: „Man schindet sie, man lasse sie schreien!"[5]) Quesnay schrieb auf das Titelblatt seiner Maximes générales du gouvernement économique d'un

---

[1]) Goncourt, Histoire de la société française pendant la révolution. Paris 1864, p. 53.
[2]) Vauban, Projet d'une dixme royale. 1707 (geschr. 1698), p. 4.
[3]) La France a aujourd'hui la gangrène! — Quinet, La révolution. Paris 1865, p. 12.
[4]) Monatsblätter zur Ergänzung der „Allgemeinen Zeitung". März 1846, S. 180.
[5]) Wachsmuth, Zeitalter der Revolution. Leipzig 1846, I S. 169.

royaume agricole die Worte: Pauvres paysans, pauvre royaume, pauvre roi! Und Moreau de Jonnés berechnet, daß die mittlere Lebensdauer der Franzosen durch die allgemeine Armut im Jahre 1772 auf 24 Jahre reduzirt worden war.¹)

Als Ludwig XVI. die Regierung übernahm, da war der französische Staat bereits so verarmt und zerrüttet, daß selbst ein tüchtigerer Regent ihn nicht mehr hätte retten können.

„Trotz der Fortschritte der Civilisation, sagt Tocqueville, war die Lage des französischen Landmannes im achtzehnten Jahrhundert bisweilen schlimmer, als sie im dreizehnten gewesen war."²) Drei Vierteile des Bodens gehörten dem Könige, dem Adel und der Geistlichkeit, den Rest besaßen die Bürgerlichen. Der Ackerbau war im elendesten Zustande. Entsetzlich drückten die Feudallasten, der Zehnte, das Jagdrecht und andere Rechte mehr. Die Hälfte des Rohertrages war der gewöhnliche Pachtschilling, den der Bauer zu entrichten hatte.³) Der Preis eines Sesters Getreide war seit 1764 von 8 livres auf 12 dann auf 15, 20 und endlich auf 50 livres gestiegen.⁴)

Das allgemeine Elend war in Frankreich derartig gewachsen, daß eine Ordonnanz vom 13. Juli 1777 befahl: „Jeder gesunde Mann in einem Alter von 16—60 Jahren, der kein Vermögen besitzt und nicht von seiner Arbeit leben will, soll auf die Galeere geschickt werden."⁵)

Die Bettelei nahm in erschreckender Weise überhand. Bettler und Landstreicher durchzogen scharenweise das Land und waren eine beständige Gefahr für die öffentliche Sicherheit. 1740 war die erste Armentare in Frankreich durch Parlamentsbeschluß eingeführt worden. Im Jahre 1764 wurden, um die Armut den Blicken der Vornehmen zu entziehen und die Straßen von den Bettlermassen zu befreien, auf Staats- und Provinzkosten

---

¹) Moreau de Jonnés, Elements de statistique. Paris 1847, p. 230 ff.
²) Tocqueville, L'ancien régime et la révolution. Paris 1856, p. 185.
³) Eine anschauliche, lebendige Schilderung jener Zustände giebt Erkmann-Chatrian in seiner Histoire d'un paysan.
⁴) Goncourt a. a. O. p. 54.
⁵) Meyer a. a. O. II S. 437.

dépôts de mendicité oder renfermeries gegründet und rasch vermehrt. 1786 zählte man bereits 27 solcher Anstalten mit etwa 5000 Bewohnern.¹) Die Armut aber wurde durch dieses System nicht im geringsten gemildert, und der Bettel schwoll zu immer größeren Dimensionen an.

1775 waren durch Anordnung Turgot's atéliers de charité gegründet worden, ohne einen größeren Erfolg zu erzielen.²)

Je mehr man sich 1789 näherte, schreibt Michelet, desto weniger brachte die Erde hervor. Wie das Tier, das zu sehr ermattet wurde, nicht mehr vorwärts gehen will, sondern sich lieber auf die Erde niederlegt und stirbt, so wartet sie und produzirt nicht mehr.³)

Nicht weniger als zehn furchtbare Hungersnöte hat Frankreich im 18. Jahrhundert erlebt;⁴) und Necker erzählt, daß eines Tages, während der Zeit seines Ministeriums, Boten aus allen Teilen des Reiches erschienen wären mit Depeschen, daß das Volk von einem Ende Frankreichs bis zum andern dem Hungertode nahe sei.⁵) (d'un bout de la France à l'autre, le peuple affamé).

So waren die Zustände vor dem Ausbruch der Revolution die denkbar entsetzlichsten. Der Tagelohn der industriellen Arbeiter stand nach einem hoch berechneten Durchschnitt 1788 für die Männer auf 26, für die Weiber auf 15 sous, der Lohn des Landarbeiters betrug ebenfalls nur 15 sous.⁶)

Dazu kam, gleichsam als wenn das Schicksal beschlossen hätte, Frankreich gänzlich zu vernichten, der unglückliche Ausfall der Erndte des Jahres 1788.

---

¹) Jäger, Geschichte der sozialen Bewegungen in Frankreich. Berlin 1876, S. 383.
²) Engländer, Geschichte der französischen Arbeiterassoziationen. Hamburg 1864, I S. 214.
³) Michelet, Histoire de la révolution française. Paris 1868, I p. 54.
⁴) Engländer a. a. O. I S. 190.
⁵) Blanc, Histoire de la révolution française. Paris 1852, III 92 f.
⁶) Heute beträgt er für die Männer 42, für die Weiber 26 sous, der ländliche Tagelohn ist von 15 auf mindestens 25 sous gestiegen; dazu kommen etwa 30 seitdem aufgehobene Feiertage, so daß sich der Lohn im ganzen nahezu verdoppelt hat.
Sybel, Geschichte der Revolutionszeit. Düsseldorf 1853, I S. XLV.

Diese Ernbte war mittelmäßig gewesen, ohne schlecht zu sein,[1]) aber ein großer Hagelschlag[2]) (am 13. Juli) vernichtete, was die Natur dem unglücklichen Lande gelassen hatte. Der Preis des Hektoliters Getreibe stieg in Paris auf 29 fr. 32 c., ein Weißbrot von 4 Pfund kostete 15 sous (vorher 9 sous).[3])

Die Hungersnot wütete in Frankreich. Das Stocken vieler Gewerbe machte eine unzählige Menge Arbeiter brotlos, dabei dauerte das Einströmen fremder Vagabunden stetig und unaufhaltsam fort. Die Armut war zum Pauperismus geworden.

Da brach endlich die lange vorbereitete Revolution aus, und die Armenfrage nahm naturgemäß gleich bei ihrem Beginn eine unheimlich drohende Gestalt an. Brot und Arbeit! war die Losung des Kampfes, Brot und Arbeit! stand auf den Fahnen der Barrikaden.

Der Bürgerstand hatte für diese Forderungen keinen anderen Grundsatz als den der einfachen Unterstützung. Aber dieser Grundsatz reichte nicht aus bei Menschen, die von den neuen Ideen und Anschauungen durchtränkt waren; der Proletarier wollte nicht mehr unterstützt sein. Die französischen Arbeiter, welche gezeigt hatten, daß sie im stande waren, ein Königtum zu vernichten und eine neue Staatsform zu schaffen, denen Hunderte von Rednern und Schriftstellern täglich versicherten, daß sie die Herren der Welt seien, mußten notwendig zu der Erkenntnis kommen, daß ein Almosen ihrer nicht würdig sei, daß die Arbeit nicht allein die Zierde des Bürgers, sondern ein notwendiges Ingrediens desselben sei; sie, welche den Adel der Geburt entthront hatten, mußten einsehen, daß die Arbeit es ist, welche den Menschen adelt.

Die Not zwang sie, Brot zu verlangen, das Bewußtsein der Würde der Arbeit wandelte den Ruf nach Brot in den nach Arbeit um, und die erwachte Erkenntnis ihrer Menschen-

---

[1]) Thiers, Histoire de la révolution française. Paris 1834, I p. 89.
[2]) Buchez et Roux, Histoire parlementaire de la révolution française. Paris 1834, I p. 282.
[3]) Boiteau, Etat en France en 1789. Paris 1861, p. 486.

würde lehrte sie, biese Arbeit als etwas ihnen zukommendes, als ihr Recht zu verlangen.

So wirkten hier der niedrigste und der höchste Faktor des menschlichen Lebens, die materielle Not und die menschliche Würde, vereint, um die Forderung des Rechtes auf Arbeit zu erzeugen. [1])

---

[1]) Wir glauben im vorhergehenden bewiesen zu haben, daß die Forderung des Rechtes auf Arbeit gerade zu dieser Zeit entstehen mußte; im folgenden werden wir die Entwicklung dieser Forderung, des legitimen Kindes der französischen Revolution, in ihrem Verlaufe bis auf die heutige Zeit darlegen.

Die Geschichte des Rechtes auf Arbeit.

a. Vor 1848.

In den Debatten über die Erklärung der Menschenrechte tritt uns die erste Formulirung der Forderung eines Rechtes auf Arbeit entgegen.

Abbé Sieyes hatte in seiner „Erklärung der Rechte des Menschen und Bürgers," welche am 20. und 21. Juli 1789 im Konstitutionskomité beraten wurde, nur das Recht auf Existenz verlangt. Art. 25 seiner dèclaration lautet: „Jeder Bürger, welcher nicht im stande ist, für seine Bedürfnisse zu sorgen, hat ein Recht auf die Hilfe seiner Mitbürger."[1] Zur Beratung in der assemblée ist diese Forderung jedoch nicht gelangt.

Target (Advokat, geb. 1733, gest. 1806) war der Name des Mannes, welchem der Ruhm gebührt, zuerst die Forderung des Rechtes auf Arbeit, wenn auch noch nicht in präziser Fassung, ausgesprochen zu haben.[2]

---

[1] Procès-verbal de l'assemblée nationale, II Nr. 33 (p. 31 du projet).

[2] Diese Thatsache ist bisher merkwürdiger Weise allen, die sich mit dieser Frage beschäftigt haben, entgangen. Gewöhnlich schreibt man Robespierre das Autorrecht dieser Forderung zu; das ist grundfalsch, Robespierre hat dieselbe erst 1793 ausgesprochen. (Haun behauptet allerdings mit seiner öfters sich hervordrängenden historischen Unkenntnis, daß R. das Recht auf Arbeit schon 1789 verlangt habe (S. 18 seiner Schrift). Andere verlegen die Erstgeburt dieser Forderung gar erst in das Jahr 1848 und machen Louis Blanc zu deren Erfinder, so Jäger (Weltgeschichte. Bielefeld=Leipzig 1887—91, IV S. 491). — Wir glauben, daß unsere Ausführungen, welche Target und Malouet das Erstgeburtrecht jener Forderung zuerkennen, diese Frage entgiltig entscheiden werden.

In seiner „Erklärung der Rechte des Menschen in der Gesellschaft," welche am 27. Juli 1789 im Komite beraten wurde, lautet Art. 6: „Der Staat schuldet jedem Menschen die Mittel zum Unterhalt, sei es durch das Eigentum, sei es durch die Arbeit oder auch durch die Hilfe von seinesgleichen." [1]) Zur Beratung in der assemblée ist auch dieser Paragraph nicht gekommen. [2])

Bald fand sich ein Mann, den Energie und Begabung befähigten, diese Forderung mit Aussicht auf Erfolg zu verfechten. Dieser Mann war Malouet. [3]) Den agent d'affaires nennt ihn Louis Blanc [4]) mit Recht. Es war ein nur auf das Praktische gerichteter Charakter, der in seinen Memoiren die Erklärung der Menschenrechte eine „métaphysique aussi ridicule que dangereuse" [5]) nannte, der aber mit seinem praktischen Blick ein tiefes Mitgefühl für das leidende Volk verband. Als er auf seinen weiten Reisen die Schrecken einer Hungersnot auf den Inseln des Cap Vert kennen lernt, schreibt er in sein Tagebuch: „Ich verließ diese unglückliche Insel, seufzend über all die Uebel, welche die Habsucht über das menschliche Geschlecht verbreitet." [6])

In der Sitzung vom 1. August beginnt er seinen Sturmlauf gegen die bestehende Rechtsordnung. Wir haben zu Mitbürgern, wirft er den abstrakten Freiheitsschwärmern entgegen, eine ungeheure Menge eigentumsloser Menschen, welche vor allem anderen ihren Unterhalt von einer gesicherten Arbeit erwarten, von einer exakten Verwaltung, von einem beständigen Schutze! [7])

---

[1]) Le corps politique doit à chacque homme des moyens de subsistance, soit par la propriété, soit par le travail, soit par le secours de ses semblables. — Procès-verbal, II Nr. 33 (p. 2 du projet).
[2]) Ein Teil seiner Menschenrechte kam am 20. August zur Verhandlung, vergl. Moniteur Universel vom 20. August 1789.
[3]) Später Marineminister unter Ludwig XVIII.; geb 1740, gest. 1814. — Auch das Eintreten Malouet's für das Recht auf Arbeit ist bisher gänzlich übersehen worden.
[4]) Blanc a. a. O. III p. 35.
[5]) Mémoires de Malouet. Paris 1868, I p. 338.
[6]) Ebenda II p. 363.
[7]) Moniteur vom 1. August 1789.

Am 3. August entwickelt er in einer längeren, eben so glänzenden, wie wohl durchdachten Rede seine Ansichten.[1])

„Die Abnahme der Thätigkeit und der Industrie in den produzirenden Klassen, so führt er aus, macht seit einigen Jahren erschreckende Fortschritte. Mehrere Fabrikationszweige und ein großer Teil des Handwerks sind in einer Anzahl Provinzen aufgegeben worden; Tausende von Arbeitern sind ohne Beschäftigung, die Bettelei ist in den Städten und auf dem Lande empfindlich gewachsen.

Ohne Zweifel verdient es die Freiheit, mit vorübergehenden Uebeln erkauft zu werden, aber jene, welche unter ihnen am meisten leiden, werden den geringsten Nutzen davon haben. Und wenn ein Gefühl für Recht und Menschlichkeit uns nicht genug antriebe, ihnen zu Hilfe zu eilen, so verpflichtet uns dazu ein mächtiges Interesse, nämlich das der Freiheit selbst; denn diese hat zwei Arten von Feinden, beide gleich gefährlich, die Mächtigen und die Schwachen, die Günstlinge des Glücks und seine Opfer. . . . .

Alle nutzlosen Ausgaben erschöpfen die Völker, wie die Großgrundbesitzer; alle nützlichen Ausgaben bereichern sie.

Jede reiche und freie Nation kann aus sich selbst heraus und ohne irgend welche fremde Hilfe über einen ungeheuren Kredit verfügen, welcher keine anderen Grenzen hat als ihr Kapital, und die wohlgeordnete Ausnutzung eines solchen Kredites erleichtert ihre Lasten, anstatt sie drückender zu machen.[2])

Jede Staatsausgabe, deren Ziel es ist, die Arbeit zu vermehren und die Unterhaltsmittel allen Bedürftigen zugänglich zu machen, wird immer nur eine scheinbare Last für den Staat sein, denn sie vermehrt die Menge des Volkes sowohl, wie die der Lebensmittel. . . . .

---

[1]) Da diese für die Geschichte des Rechtes auf Arbeit außerordentlich wichtige Rede bisher nur in der 40 Bände starken Histoire parlementaire von Buchez und Roux, und auch da nur unvollständig, in deutscher Sprache aber noch garnicht gebracht wurde, dürfte es angemessen sein, dieselbe hier mit Weglassung des Unwesentlichen wiederzugeben.

[2]) Malouet ist hiermit meines Wissens der erste, der die Bedeutung des Staatskredites für die Lösung der sozialen Frage erkannte, worauf später besonders Louis Blanc zurückgriff. Auch aus diesem Grunde verdient obige Rede eine ganz besondere Beachtung.

Ich weise Sie auf eine neue, durch unwiderstehliche Notwendigkeit gebotene Ausgabe hin, welche den doppelten Vorteil hat, nicht nur zur Zahl der produktiven Ausgaben, sondern ebenso zu den heiligsten Pflichten aller Bürger zu gehören. . . . . . .

Die bedürftige und gelohnte Klasse, diejenige, welche nur von ihren Diensten und ihrer Arbeit lebt, ist es, welche Ihre ganze Sorgfalt verdient. Für sie gilt es Unterhalt und Arbeit zu sichern. . . . . . .

Folgendes ist der Gegenstand zweier Vorschläge, mit denen ich schließe: Arbeit und Unterhalt, gegründet auf die Verpflichtung der Gesellschaft denen gegenüber, welche deren bedürfen, und auf die ungeheuren Hilfsquellen der Nation, zwecks gegenseitiger Sicherung."

Die Vorschläge Malouets lauten:

"Durch die Provinzial- und Munizipalversammlungen sollen in allen Städten und Flecken des Königreiches und in jedem Kirchspiel der großen Städte Unterstützungs- und Arbeitsbûreaus (bureaux de secours et de travail) eingerichtet werden, welche in Verbindung stehen mit einem Verteilungsbûreau (bureau de répartition), welches in der Hauptstadt jeder Provinz gebildet wird. Die Verteilungsbûreaus sollen verbunden werden mit einem Haupt-Ueberwachungsbûreau, welches im Anschluß an die Nationalversammlung ständig tagen soll. Der Fonds der Unterstützungsbûreaus wird gebildet aus der Summe aller Fonds der Wohlthätigkeitsinstitute und Hospitäler; die Zuschüsse werden aus den Beiträgen der Kirchspiele geliefert, und diese werden ersetzt durch eine Steuer auf alle Steuerfähigen und aus den Mitteln, welche aus dem nationalen Kredit fließen.

Sobald die Bûreaus eingerichtet sind, wird man in jedem Kirchspiel alle der Arbeit und des Unterhaltes beraubten Individuen zusammenrufen. Man wird darüber eine genaue Liste aufnehmen, welche die Personalien, den Beruf und den Wohnort eines jeden enthält, und im Augenblick wird allen denjenigen, welche sich einfinden, genügender Unterhalt in Geld oder Naturalien zugesichert werden, mit dem Vorbehalt, alle Arbeitsfähigen in den Werkstätten des Kirchspiels zu beschäftigen. . . . .

Die von ihren Kirchspielen als bedürftig Anerkannten werden mit der unglücklichen Bürgern gebührenden Achtung behandelt werden. . . . ."¹)

In dieser Rede ist die Forderung des Rechtes auf Arbeit klar und deutlich ausgesprochen mit den Worten: „Arbeit und Unterhalt, gegründet auf die Verpflichtung der Gesellschaft denen gegenüber, welche deren bedürfen."

Einen Erfolg hatte diese Rede nicht. Abbé Sieyes änderte, vielleicht durch diese Ausführungen dazu bewogen, die Fassung seines vorhin erwähnten Artikels, indem er ihm folgende Form gab:

„Jeder Bürger, welcher nicht im stande ist, für seine Bedürfnisse zu sorgen, oder der keine Arbeit findet, hat ein Recht auf die Hilfe der Gesellschaft, indem er sich ihren Befehlen unterordnet." ²)

Dieser Passus kam am 17. August im Komite, in der assemblée dagegen garnicht zur Verhandlung.

Der Versuch, eine Erklärung des Rechtes auf Arbeit, oder eine sich diesem nähernde Forderung in die Erklärung der Menschenrechte, welche am 26. August 1789 verkündet wurde, hineinzubringen, scheiterte also völlig.

Im Jahre 1790 wurden die Ideen Malouet's, da die Menge der brotlosen Arbeiter immer gefahrdrohender anschwoll, aufgenommen und Nationalwerkstätten errichtet. „Man hätte die Arbeit organisiren sollen, sagt L. Blanc von denselben, doch verstand man nur das Elend zu registriren!"³) (on ne sut qu'enrégimenter la misère).

Auch in die Konstitution vom 3. September 1791⁴) gelangte keine ein Recht auf Arbeit betreffende Bestimmung; ein solches war überhaupt garnicht beantragt worden, da man jedenfalls die Aussichtslosigkeit eines derartigen Antrages einsah.

Was die Konstitution den Armen gewährte, war in folgenden Worten ausgedrückt:

„Es wird eine allgemeine öffentliche Unterstützungsanstalt

---

¹) Moniteur vom 1. bis 4. August 1789.
²) Procès-verbal, III No. 51 (p. 11 du projet).
³) Blanc a. a. O. III p. 101.
⁴) Procès-verbal, LXVII No. 726 und LXVIII No. 755.

geschaffen und organisirt zur Auferziehung der verlassenen Kinder, zur Unterstützung der hilflosen Armen und zur Arbeitsbeschaffung für die gesunden Armen, welche sich solche nicht selbst verschaffen können."

In der am 9. August stattfindenden Debatte wurde dieser von der Kommission befürwortete Antrag ohne Widerspruch angenommen.¹)

Energischer erhob sich der Kampf um das Recht auf Arbeit in den Beratungen über die Konstitution von 1793.

Der von Condorcet redigirte Entwurf des Komites schlug nur die nichtssagende Fassung vor: „Die öffentliche Unterstützung ist eine geheiligte Schuld, und es ist Sache des Gesetzes, die Ausdehnung und Anwendung derselben zu bestimmen."

Art. 21 des Entwurfs von Hérault de Séchelles schlug folgende Fassung vor: „Die Gesellschaft schuldet ihren unglücklichen Bürgern den Unterhalt, sei es, indem sie ihnen Arbeit verschafft, sei es, indem sie denen, welche außer stande sind zu arbeiten, die Existenzmittel sichert."²)

Eine nur wenig modifizirte Form beantragte Robespierre in seiner „Erklärung der Menschen- und Bürgerrechte."

Art. 2 derselben lautet: „Die hauptsächlichsten Rechte des Menschen sind die, für die Erhaltung seiner Existenz und seiner Freiheit zu sorgen."

Art. 11 erklärt: „Die Gesellschaft ist verpflichtet, für den Unterhalt aller ihrer Glieder zu sorgen, sei es, indem sie ihnen Arbeit verschafft, sei es, indem sie allen denen die Unterhaltsmittel sichert, welche außer stande sind, zu arbeiten."³)

Am 24. April kam der Entwurf Robespierre's im Nationalkonvent zur Beratung, ohne daß seine zu weit gehenden Forderungen einen Erfolg erzielten.⁴) Durch den unterdessen (am 31. Mai) erfolgten Sturz der Girondisten gewann die sozialistische Partei wieder die Oberhand, sodaß der Antrag Séchelles' dem des Komites hinzugefügt wurde."

---

¹) Moniteur vom 10. August 1791.
²) Moniteur vom 18. Februar 1793.
³) Robespierre, Oeuvres. Paris 1866 p. 272 f. Vergl. auch Buonarotti, Conspiration pour l'égalité, dite de Babeuf. Bruxelles 1828, I p. 27 f.
⁴) Moniteur vom 25. April und 5. Mai 1793.

Art. 21 der Konstitution vom 24. Juni 1793 lautete demgemäß folgendermaßen:

Les secours publics sont une dette sacrée. La société doit la subsistance aux citoyens malheureux, soit en leur procurant du travail, soit en assurant les moyens d'exister à ceux qui sont hors d'état de travailler.[1]

Michelet fällt über diese Verfassung folgendes Urteil: „Wodurch diese Konstitution alle früheren in den Schatten stellt, das ist der zum ersten Male auftretende Gedanke, daß das Gesetz nicht allein eine Maschine ist, den Menschen zu regieren, sondern daß es besorgt um ihn ist, daß es sein Leben garantiren will, daß es nicht will, daß das Volk sterbe." Er nennt sie „das erste Vorspiel besserer Zeiten, das Morgenrot der neuen Welt."[2]

„Aber, klagt er, auch diese Konstitution war wie alle anderen eine Maschine ohne Leben, ein Rad ohne bewegende Kraft; es fehlte gerade das, was diese Bewegung hätte erzeugen können."[3]

Les mots ne sont pas des choses, so lautete das Urteil des amerikanischen Gouverneurs Morris über diese Revolution, et les assertions dynastiques sont de peu importance quand il s'agit du bonheur des masses.[4]

So waren diese langen und heftigen Kämpfe um das Recht auf Arbeit ohne irgend ein Resultat verlaufen. Ein blutiges Nachspiel fanden sie in der mißglückten Verschwörung Babeuf's (1796), welche rein kommunistische Ziele verfolgte.[5] —

---

[1] Moniteur vom 27. Juni 1793. — Eine merkwürdige Verkennung des Rechtes auf Arbeit findet sich bei Roscher (Grundlagen der Nationalökonomie. Stuttgart 1886, S. 466), welcher behauptet: „In den Revolutionsverfassungen von 1791 und 1793 ist das Recht auf Arbeit anerkannt." In Wahrheit spricht die Verfassung von 1793 nur von einer Verpflichtung des Staates, nicht von einem Rechte der Unterthanen (ein Unterschied, der doch nicht übersehen werden sollte!); die von 1791 aber kommt nicht über die Einrichtung von Arbeitshäusern hinaus, von einem Rechte auf Arbeit ist dort garnicht die Rede.
[2] Michelet a. a. O. V p. 150.
[3] Ebenda V p. 157.
[4] Chasles, Etudes sur la littérature et les moeurs des Anglo-Américains au XIX. siècle. Paris 1851, p. 18.
[5] Vergl. Buonarotti a. a. O.

In Deutschland erregten diese sozialistischen Bewegungen nur einen schwachen Widerhall; nach deutscher Art äußerte sich derselbe "mehr in gefühlvollen Reden und Wünschen als Thaten."[1]) Der einzige, welcher sich eingehender mit diesen neuen Ideen beschäftigte, war Fichte.

Fichte war, wenn seine Formulirung dieser Forderung auch noch schwankend und unklar ist, ein Anhänger des Rechtes auf Arbeit. Der Keim seiner Anschauungen findet sich in seinen 1793 erschienenen "Beiträgen zur Berichtigung des Urteils über die französische Revolution."

"Jeder Mensch, heißt es dort, muß leben: das ist sein unveräußerliches Menschenrecht."[2])

"Eine dem menschlichen Körper zuträgliche Nahrung in der zur Ersetzung der Kräfte nötigen Quantität, eine nach Verhältnis des Klimas gesunde Kleidung und feste und gesunde Wohnung muß jeder haben, der arbeitet; das ist Grundsatz."[3])

"Jeder muß das Unentbehrliche haben; das ist unveräußerliches Menschenrecht."[4])

"So lange auch nur noch Einer da ist, dem es um ihrer (der Begünstigten) willen unmöglich ist, durch seine Arbeit dies zu erwerben, muß ihr Luxus ohne alles Erbarmen eingeschränkt werden. Durch seine Arbeit sage ich; denn nur unter Bedingung der zweckmäßigen Anwendung seiner Kräfte hat er Anspruch auf sein Unentbehrliches."[5])

In der "Grundlage des Naturrechts" (1796) und im "Geschlossenen Handelsstaat" (1800) werden diese Ideen weiter ausgeführt.

"Leben zu können, heißt es in jener Schrift, ist das absolute und unveräußerliche Eigentum aller Menschen. Es ist ihm eine gewisse Sphäre der Objekte zugestanden worden ausschließlich für einen gewissen Gebrauch, haben wir gesehen. Aber der letzte Zweck dieses Gebrauches ist der, leben zu

---

[1]) Eberty, Geschichte des preußischen Staates. Breslau 1870, V S. 377.
[2]) Fichte, Beiträge zur Berichtigung des Urteils über die französische Revolution. Zürich 1848, S. 168.
[3]) Ebenda S. 178.
[4]) Ebenda S. 180.
[5]) Ebenda S. 181.

können. Die Erreichung dieses Zweckes ist garantirt; dies ist der Geist des Eigentumsvertrags. Es ist Grundsatz jeder vernünftigen Staatsregierung: "Jedermann soll von seiner Arbeit leben können."[1]

"Alles Eigentumsrecht gründet sich auf den Vertrag Aller mit Allen, der so lautet: Wir alle behalten dies, auf die Bedingung, daß wir Dir das Deinige lassen. Sobald also jemand von seiner Arbeit nicht leben kann, ist ihm das, was schlechthin das Seinige ist, nicht gelassen, der Vertrag ist also in Absicht auf ihn völlig aufgehoben, und er ist von diesem Augenblick an nicht mehr rechtlich verbunden, irgend eines Menschen Eigentum anzuerkennen. Damit nun diese Unsicherheit des Eigentums durch ihn nicht eintrete, müssen alle von rechtswegen, und zufolge des Bürgervertrags, abgeben von dem Ihrigen, bis er leben kann."[2]

"Der Arme hat ein absolutes Zwangsrecht auf Unterstützung. Jeder muß von seiner Arbeit leben können, heißt der aufgestellte Grundsatz, das Leben-können ist sonach durch die Arbeit bedingt, und es giebt kein solches Recht, wo die Bedingung nicht erfüllt worden."[3]

Man sieht, daß Fichte ständig zwischen einem Recht auf Arbeit und dem auf Existenz hin und her schwankt, ohne zu einer klaren Erkenntnis und Formulirung dessen zu kommen, was ihm vorschwebt. In seinem "Geschlossenen Handelsstaat" verläßt er die Frage des Rechtes auf Arbeit völlig und beschäftigt sich ausschließlich mit dem Nachweis der Notwendigkeit eines Rechtes auf Existenz. Seine hier entwickelten Anschauungen sind in folgenden Sätzen zusammengedrängt:

"Der Zweck aller menschlichen Thätigkeit ist der, leben zu können; und auf diese Möglichkeit zu leben haben alle, die von der Natur in das Leben gestellt werden, den gleichen Rechtsanspruch."[4]

"Jeder will so angenehm leben als möglich: und da jeder

---

[1] Fichte, Grundlage des Naturrechts. Jena 1797, S. 30.
[2] Ebenda S. 31.
[3] Ebenda S. 38.
[4] Fichte, Der geschlossene Handelsstaat als Anhang zur Rechtslehre Américaine einer künftig zu liefernden Politik. Wien 1801, S. 14 f.
[5] Vergl. D.

dies als Mensch fordert, und keiner mehr oder weniger Mensch ist, als der andere, so haben in dieser Forderung alle gleich Recht. Nach dieser Gleichheit ihres Rechtes muß die Teilung gemacht werden, so, daß alle und jeder so angenehm leben können, als es möglich ist, wenn so viele Menschen, als ihrer vorhanden sind, in der vorhandenen Wirkungssphäre neben einander bestehen sollen; also, daß alle ohngefähr gleich angenehm leben können. Können, sage ich, keineswegs müssen. Es muß nur an ihm selbst liegen, wenn einer unangenehm lebt, keineswegs an irgend einem andern." [1]

„Das entbehrliche ist überall dem unentbehrlichen, oder schwer zu entbehrenden nachzusetzen." [2]

„Es sollen erst alle satt werden und fest wohnen, ehe einer seine Wohnung verziert, erst alle bequem und warm gekleidet sein, ehe einer sich prächtig kleidet." [3]

Irgend welchen Anklang fanden die Ideen Fichtes in Deutschland nicht. Der sozialistische Gedanke schlief hier für's erste völlig ein, während er in Frankreich unaufhaltsam weiter gedieh.

Was die Republik dort nicht vermocht hatte, nämlich das stetig anwachsende Massenelend auszurotten, das gelang auch dem Kaiserreich nicht. Napoleon glaubte allerdings, ein tüchtiger Kriegsmann müsse auch dies vollbringen können. Am 24. November 1807 schrieb er an seinen Minister des Innern, Crêtet, einen Brief, worin er ihm befahl, binnen einem Monat das Elend in Frankreich auszurotten! Der Minister gehorchte. Durch Gesetz wurde das Elend für ein Verbrechen erklärt, und man glaubte es damit abgeschafft zu haben. Die Arbeit erklärte dies Gesetz für eine Pflicht; wer nicht zu arbeiten im stande sei, sollte vom Staate unterstützt werden. Es wurden daher 59 neue Armenhäuser, welche 22550 Arme aufnehmen konnten, zu den bereits bestehenden dépôts de mendicité hinzugefügt. [4]

---

[1] Ebenda S. 15.
[2] Ebenda S. 26.
[3] Ebenda S. 27.
[4] Engländer a. a. O. I S. 155 ff.

Um den brotlosen Arbeitern Beschäftigung zu geben, war Napoleon genötigt, alle nur irgend möglichen öffentlichen Arbeiten anzuordnen. Im Jahre 1810 wurden für dieselben 138, im Jahre 1811 sogar 154 Millionen fr. verwendet.¹)

Der Erfolg war trotzdem noch mehr als mangelhaft. Von Moskau zurückgekehrt, beauftragte Napoleon den damaligen Polizeipräfekten Baron Pasquier, ihm einen Bericht über den Zustand der Arbeiter in Paris abzustatten. In einem vertraulichen Antwortschreiben desselben heißt es: In der Vorstadt St. Antoine und den angrenzenden Stadtteilen giebt es Arbeiter, welche in die Läden treten und „Arbeit oder Brot" fordern u. s. w. In diesem Bericht wird konstatirt, daß von 66850 männlichen Arbeitern 21950 ohne Arbeit seien.²)

Wir dürfen uns über diese Thatsachen nicht wundern, wenn wir bedenken, daß, abgesehen von allen anderen ungünstigen Umständen, die hier mitwirkten, aus dem einstigen gleichsam zum Cölibat verurteilten Gesellen der „freie" Arbeiter geworden war, der sich vor allem andern bemühte, diese Freiheit in dem Akt der Zeugung zur Geltung zu bringen.

Man kann es wohl als allgemein giltigen Satz hinstellen, daß jede Zeit, in der die Lage des Volkes eine elende ist, als begleitende Erscheinung sozialistische Theorien und Träumereien erzeugt. Wenn dieses Merkmal aber richtig ist, so war jetzt die Zeit für solche Theorien gegeben, und sie stellten sich in der That ein.

Fourier ist der erste, welcher statt der bis dahin üblichen Formel „Unterhalt durch die Arbeit" die kürzere Fassung „Recht auf Arbeit" (droit au travail) gebrauchte.³) Er nennt es in seiner Théorie des quatre mouvements et des destinées générales (1808) „das erste und allein brauchbare der Men-

---

¹) Stein, Geschichte der sozialen Bewegungen in Frankreich. Leipzig 1850, I S. 294.
²) Engländer a. a. O. I S. 172.
³) Marcel Barthe stellt ihn in den Debatten über das Recht auf Arbeit im Jahre 1848 als den Vater dieses Rechtes hin (vergl. Moniteur vom 13. August 1848); das ist, wie wir gesehen haben, durchaus unberechtigt, höchstens könnte man ihn als den Pathen desselben bezeichnen.

schenrechte,"¹) das Recht, welches „die Civilisation zwar verwirft, ohne das aber alle andern Rechte nutzlos sind."²) Noch energischer betont er dieses Recht in seiner Hauptschrift, der Théorie de l'unité universelle. ³) (1822; ursprünglich unter dem Titel Traité de l'association domestique-agricole erschienen.) Seine Ansicht über dieses Recht hat er am prägnantesten in folgenden Worten ausgedrückt: „Wir werden das Aequivalent der vier Grundrechte (der Jagd, des Fischfangs, des Früchtepflückens und der Weide) nur in einer sozialen Ordnung haben, wo der Arme zu seinen Mitbürgern, seiner Geburtsphalange, sagen kann: Ich bin auf dieser Erde geboren; ich beanspruche die Zulassung zu allen Arbeiten, welche dort ausgeführt werden, sowie die Sicherheit, die Früchte meiner Arbeit zu genießen; ich beanspruche die Lieferung der zur Ausübung meiner Arbeit erforderlichen Werkzeuge und der Subsistenzmittel, als Ersatz für das Recht zu stehlen (droit de vol), welches die einfache Natur mir gegeben hat."⁴)

Sismondi nannte es absurd, einem Menschen von den Segnungen der öffentlichen Ordnung zu reden, wenn diese öffentliche Ordnung ihn verdamme, Hungers zu sterben,⁵) wenn er auch weit entfernt von den radikalen Anschauungen der Sozialisten war.

Der Graf St. Simon erklärte⁶) die Herrschaftsberechtigung der Arbeit und wies auf die Ungerechtigkeit hin, daß der eigentlich Arbeitende zur Besitzlosigkeit verdammt sei. Sein Ziel, „jedem Menschen die freieste Entwicklung seiner Fähigkeiten zu sichern," förderte jedoch keine positiven Vorschläge zu Tage.

Schon glaubte man, die sozialistische Bewegung würde in friedlichere Bahnen verlaufen, da rüttelten die Ereignisse der Juli-Revolution die Völker aus diesem Glauben auf. Nicht als ob diese Bewegung an sich eine sozialistische gewesen wäre; war schon die Revolution von 1789 eine nur

---

¹) Fourier, Oeuvres complètes. Paris 1841, I p. 394.
²) Ebenda p. 282.
³) Vergl. besonders III p. 180 f. und 185.
⁴) Ebenda III p. 179 f.
⁵) Vergl. Sismondi, Nouveaux principes de l'économie politique. Paris 1819, VI. chap. 2.
⁶) St. Simon, Catechisme des industriels. Paris 1822.

zum Teil soziale gewesen, so wies die von 1830 einen rein
politischen Charakter auf. Wurde auch hie und da der Ruf
laut: Du travail! du pain!, so war dies doch (nach L.
Blanc's Versicherung[1]) keineswegs aus den Reihen der
Kämpfer. Aber jede politische Umwälzung hat notwendig
eine soziale im Gefolge. Werden erst die Leidenschaften und
das Kraftgefühl des Volkes geweckt, so besinnt es sich bald
genug, was es alles an seiner Lage auszusetzen habe.

Schon 1831 wurde bei den Straßenunruhen in Paris
der Ruf gehört: De l'ouvrage et du pain![2]), und auf den
Fahnen der Arbeiter standen drohend die Worte: Du pain
ou la mort![3])

Der blutigste Akt dieser sozialistischen Bewegungen aber
spielte sich in Lyon ab.

Schon Mitte 1831 machten sich dort die Vorzeichen
und bald auch die Anfänge einer drohenden Volksbewegung
bemerklich, deren Ursache der Notstand der Fabrikarbeiter
war. Die Geschäftsstockung, eine Folge der Revolution und
der immer noch nicht beseitigten Kriegsgefahr, hatte den
Arbeitslohn der Seidenweber allmälig um die Hälfte, um
drei Viertel und noch tiefer herabgedrückt, so daß sich an
30000 bis 40000 Fabrikarbeiter, und nicht wenige von ihnen
mit Weib und Kind, dem härtesten Mangel preisgegeben
sahen. Am 20. November brach der Aufstand aus; Du
travail ou la mort! war die Losung der Unzufriedenen, ihre
Fahnen trugen die Inschrift: „Entweder durch Arbeit leben,
oder im Kampfe sterben."[4]) Der Aufstand endete mit der
völligen und blutigen Niederlage der Arbeiter; Anfang
Dezember war der letzte Widerstand unterdrückt.[5])

---
[1]) Blanc, Révolution française. Histoire des dix ans (1830—40).
Paris 1844, I p. 230.
[2]) Ebenda II p. 297.
[3]) Stein a. a. O. II S. 363 f.
[4]) Vivre en travaillant ou mourir en combattant.
[5]) Vergl. Blanc, Hist. des dix ans. III p. 49 ff. — Rochau, Geschichte Frankreichs vom Sturze Napoleons bis zur Wiederherstellung
des Kaisertums. Leipzig 1858, I S. 321 ff. — Hillebrand, Geschichte
Frankreichs von der Thronbesteigung Louis Philipps bis zum Falle
Napoleons III. Gotha 1877, I S. 317 ff. — Considérant, Destinée
sociale, Paris 1837, I p. 259 ff.

Dasselbe Schicksal erlitt ein erneuter Aufstand der Arbeiter Lyons im Jahre 1834.¹)

Aber diese Kämpfe, so erfolglos in ihrem Verlaufe, ermangelten trotz alledem nicht weitgehender Wirkungen.

Die Welt, besonders die wissenschaftliche, sah ein, daß ein gewaltiger Gegensatz die Gesellschaft spaltete, und sie fing an, sich mit diesem Gegensatze zu beschäftigen, nach einem Mittel zur Heilung zu suchen.

Die Schüler Sismondi's forderten, was schon ihr Meister für notwendig erachtet hatte, daß die Gesetzgebung den Arbeitgeber verpflichte, seine Arbeiter zu unterstützen, selbst wenn die Arbeit mangeln sollte. Buchez trat mit seiner Assoziationsidee auf (die später L. Blanc aufnahm), ohne irgend welche Bedeutung zu erlangen; und Prosper Farbée schlug vor, daß in jedem Manufakturdistrikt ein Haus eröffnet werde, in dem die unbeschäftigten Arbeiter sicher wären, Arbeit zu finden.²)

Vor allem aber trat die Schule Fourier's energisch für die Forderung des Rechtes auf Arbeit ein. Hier überragte alle anderen, sowohl an Eifer wie an Begabung, Victor Considérant. 1837 erschien seine Destinée sociale, welche sein Hauptwerk geblieben ist. Im Jahre 1839 gab er seine Théorie du droit de propriété et du droit au travail heraus, in der er mit nur schwachen Gründen das Recht auf Arbeit zu verteidigen sucht. Seine Schriften, die keineswegs blos eine Weiterführung und Klärung der Ideen Fourier's sind, wie man vielfach annimmt, sondern eine Menge selbständiger Ideen entwickeln, sind von außerordentlichem Einfluß auf die Ereignisse des Jahres 1848 gewesen.³)

Weit geringer und rein negativ ist der Einfluß Proudhon's gewesen. Nachdem er in zwei Schriften (Qu'est-ce que

---

¹) Blanc, Hist. des dix ans. IV p. 268 ff. — Hillebrand a. a. O. I S. 441 ff.
²) Engländer a. a. O. II S. 73.
³) Von seinem Meister unterscheidet er sich vor allem dadurch, daß er das R. a. A. in der bestehenden Wirtschaftsordnung für möglich hält. — Seine Begründung dieses Rechtes siehe später.

la propriété? 1840.— Systhème des contradictions économiques ou philosophie de la misère. 1846.) den Geist der Verneinung hatte leuchten lassen, versuchte er sich 1848, mit eben so wenig Glück als Geschick, in einem positiven Vorschlage. Mit Hilfe einer Volksbank wollte er den Zins aufheben und wähnte, so die soziale Frage lösen zu können.

Seit den vierziger Jahren trat mehr und mehr die Person L. Blanc's, der das Recht auf Arbeit unter Beseitigung jeglicher Konkurrenz durch eine „Organisation der Arbeit" verwirklichen wollte, in den Vordergrund. In dem Programm seiner 1843 gegründeten Zeitung „La Réforme", der bald eine Menge Blätter mit ähnlichen Tendenzen folgten, formulirte er seine Forderung folgendermaßen: „Dem kräftigen und gesunden Manne schuldet der Staat die Arbeit, dem Greise und dem Hilflosen schuldet er Schutz und Hilfe."[1]

Die Arbeiter, so ist sein (zuerst im Jahre 1841 veröffentlichter) Plan, sollen sich in „sozialen Werkstätten" vereinigen und dort für eigene Rechnung, aber nach den vom Staate zu erlassenden Gesetzen, produziren.[2] Von seinem Vorgänger Buchez unterscheidet sich Blanc dadurch, daß er den Staat nicht zum Eigentümer oder Verwalter, sondern nur zum Gesetzgeber jener Werkstätten machen will.

Dieser Mann, der weder an Geist noch an Charakter sonderlich hervorragte, trotzdem er eine Zeitlang vermöge seiner rednerischen Begabung (und dies genügt in Frankreich!) eine so hervorragende Rolle gespielt hat, that in Wahrheit nichts weiter, als daß er zu dem einen Schlagwort, dem Rechte auf Arbeit, ein zweites, die Organisation der Arbeit, hinzufügte, wodurch er in der That nicht mehr leistete, als Onkel Bräsig, der die Armut von der „Pohwertee" ableitete. Trotz alledem wurde das Wort „Organisation der Arbeit" die Devise des Proletarier-Kreuzzuges nach dem gelobten Lande der Sozialisten, eben, wie man wohl behaupten darf, wegen der Dunkelheit dieses Ausdrucks.

---

[1] Stern, Histoire de la révolution de 1848. Paris 1851, II.p. 278.
[2] Diese sozialen Werkstätten, nach welchen Lassalle seine Produktiv-Assoziationen konstruirte, sind keineswegs mit den ohne die Mitwirkung Blanc's errichteten Nationalwerkstätten zu verwechseln.

Immerhin hat Louis Blanc durch seine eifrige Agitation nicht wenig zur Entwicklung des sozialistischen Gedankens beigetragen.

Hand in Hand mit diesen Schriftstellern ging die Thätigkeit der vielen sozialistischen Gesellschaften, unter denen besonders die Société des droits de l'homme sich durch ihre hervorragende Wirksamkeit auszeichnete. Sie verfocht die "Emanzipation der arbeitenden Klasse durch eine bessere Verteilung der Arbeit, eine gerechtere Verteilung der Produkte in der Assoziation" und hatte die Robespierre'sche Erklärung der Menschenrechte in ihr Programm aufgenommen.[1]

So bereiteten sich mälig, aber sicher die Ereignisse des Jahres 1848 vor. Auch hier galt wieder das Wort: "Der Brotmangel ist die Ursache aller Revolutionen." Das Jahr 1846 brachte eine Mißernbte, welche in manchen Teilen Frankreichs eine wahre Hungersnot hervorrief; der Brotpreis erreichte eine Höhe, welche ihn für die ärmsten Volksklassen fast unerschwinglich machte.[2]

b. Das Jahr 1848.

Am 24. Februar brach die Revolution aus; tags drauf, am 25., begann der Kampf um das Recht auf Arbeit.[3]

Am Morgen des 25. Februar war die provisorische Regierung mit der Organisation der Mairien beschäftigt, als sich plötzlich ein furchtbarer Lärm um das Hôtel de ville erhob. Bald wurde die Thüre des Sitzungssaales geräuschvoll

---

[1] Blanc, Hist. des dix ans. IV p 112 ff.
[2] Rochau a. a. O. II S. 111 f. — Auch die Revolution in Deutschland hatte ihre Hauptursache in dieser Lebensmittelteuerung, vergl. Biedermann, Dreißig Jahre deutscher Geschichte (1840—70). Breslau, I S. 157 ff.
[3] Ueber die Ereignisse dieses merkwürdigen Tages sind so viele Widersprüche verbreitet, daß eine genaue Darstellung auf Grund der verschiedenen Berichte notwendig erscheint.

geöffnet, und ein Mensch trat herein, welcher in der Versammlung die Wirkung eines Gespenstes hervorbrachte. Sein Antlitz, das wilde, aber edle, ausdrucksvolle und schöne Züge aufwies, war bleich. Er hatte ein Gewehr in der Hand, und die blauen Augen, mit denen er die Versammlung musterte, blitzten unheimlich. Wer schickte ihn? Was wollte er? Der Arbeiter, Namens Marche [1]) (vermutlich ein Abgesandter einer der geheimen Gesellschaften) erklärte, daß er im Namen des Volkes komme, wies mit einer herrischen Geberde auf den Grève-Platz, und den Kolben seines Gewehres auf dem Parkett aufstoßend, forderte er die Anerkennung des Rechtes auf Arbeit. [2])

Von den jetzt folgenden Ereignissen hat Blanc eine durchaus einseitige und zu seinen Gunsten gefärbte Schilderung gegeben, die so charakteristisch ist für diesen Mann, daß wir dieselbe hier in den Hauptpunkten wiedergeben wollen: [3])

Lamartine, so stellt er es dar, suchte den Arbeiter zu beschwichtigen, Marche aber unterbrach ihn mit den Worten: „Genug der Phrasen!" Da zog Blanc mit Ledru-Rollin den Arbeiter in eine Fensternische und verfaßte folgendes Dekret:

„Die provisorische Regierung der französischen Republik verpflichtet sich, die Existenz der Arbeiter durch die Arbeit zu garantiren; sie erkennt an, daß die Arbeiter sich vereinigen müssen, um die Früchte ihrer Arbeit zu genießen."

Ledru-Rollin fügte hinzu: „Die provisorische Regierung giebt den Arbeitern, denen sie gehört, die Million der Civilliste, welche bald fällig sein wird, zurück." [4])

Mit folgenden beschönigenden Redensarten sucht Blanc über die leichtsinnige Uebereilung seiner Handlungsweise hinwegzutäuschen:

„Die offizielle Anerkennung des Rechtes auf Arbeit konnte von den Arbeitern nicht in dem Sinne verstanden werden, daß

---

[1]) Rochau nennt ihn (a. a. O. II S. 177) wohl irrtümlicher Weise Salle.
[2]) Stern a. a. O. II p. 37 f. — Blanc, Histoire de la révolution de 1848. Paris 1870, I p. 126.
[3]) Vergl. Blanc, Hist. de 1848. I p. 126 ff.
[4]) Moniteur vom 26. Februar 1848.

die provisorische Regierung sich verpflichte, dieses Recht augenblicklich zu verwirklichen. Die Mischung von gerechtfertigter Ungeduld und mutiger Resignation, welche die Grundstimmung ihrer Gefühle bildete, drückten sie in der energischen Formel aus: Wir bringen drei Monate Elend der Republik zum Opfer! Dies mußte die Regierung daran mahnen, daß die Verbesserung des Schicksals der leidenden Klassen von nun an das dringendste ihrer Geschäfte sein müsse. Und hierin lag in meinen Augen die Wichtigkeit des Dekretes. Ich wußte nicht, bis zu welchem Punkte es die Regierung verpflichtete. Sehr wohl wußte ich, daß es nur vermittelst einer sozialen Reform durchzuführen war, welche zur Grundlage die Assoziation, zum Zweck die Abschaffung des Proletariates hatte. Aber meine Absicht war, daß die Regierung sich durch ein feierliches Versprechen gebunden fühlen und auf diese Weise dazu geführt werden sollte, thätig die Hand an dies Werk zu legen.

Dieser zwecks Selbstverherrlichung gefärbten Darstellung muß der unparteiische Bericht Stern's in seiner Geschichte der französischen Revolution gegenübergestellt werden. Hiernach ist der Verlauf jener Ereignisse folgender gewesen:

"Bürger, sagte Marche nach jener herrischen Forderung des Rechtes auf Arbeit, seit 24 Stunden ist die Revolution vollzogen; das Volk erwartet noch die Resultate. Seine Geduld erschöpft sich, es beginnt an Euren Absichten zu zweifeln; es glaubt, daß Ihr treulosen Ratschlüssen gehorcht. Das Volk schickt mich, Euch zu sagen, daß es keine Verzögerung mehr dulden wird. Es wird sich nicht eher zurückziehen, als bis Ihr ihm die Existenz durch die Arbeit zugesichert habt."

Bei diesen Worten heftete Marche seine weitgeöffneten, verwegen glänzenden Augen auf Lamartine, ohne Zweifel, um ihn merken zu lassen, daß er ihn noch mehr als die übrigen im Verdacht habe, die Sache des Volkes zu verraten. Lamartine erriet seine Gedanken. Er wandte sich zu dem Arbeiter und wollte versuchen, ihn durch schmeichelnde Reden zu gewinnen, aber kaum hatte er begonnen, als Marche ihn unterbrach. "Genug dieser Redensarten, rief er spöttisch, genug der Poesie. Das Volk will nichts mehr dergleichen. Es ist der Herr und befiehlt euch, ohne weitere Verzögerung das Recht auf Arbeit zu beschließen."

Da erwiderte Lamartine, seinerseits erzürnt und gereizt durch eine so herrische Forderung, in stolzem Tone: „Meine Kollegen mögen in diesem Punkte thun, was sie für nützlich halten; was mich betrifft, so erkläre ich, würde ich mit tausendfachem Tode bedroht, würde ich von euch diesen mit Kartätschen geladenen Kanonen, welche sich dort vor unseren Fenstern befinden, gegenübergestellt werden, niemals werde ich ein Dekret unterzeichnen, welches ich nie werde verstehen können."[1]

Dann senkte er den Ton ein wenig, milderte seine Stimme und legte die Hand auf den Arm des Arbeiters, um sich besser seiner Aufmerksamkeit zu versichern, und suchte ihn von neuem zu überreden, indem er ihm zugab, daß der Wunsch des Volkes gerecht sei und verdiene, in Erwägung gezogen zu werden. In beredten Zügen schilderte er ihm die kritische Lage der Regierung, die von tausendfachen Sorgen bedrängt und gezwungen sei, auf einmal allen Bedürfnissen gerecht zu werden. Er zeigte ihm, wie die Republik in Gefahr schwebe, ihre Feinde vor den Thoren seien; er bestand darauf, daß ein so großes Problem wie das Recht auf Arbeit nicht beschlossen werden könnte in Abwesenheit und ohne die Stimmen aller maßgebenden Männer, aller aufgeklärten Republikaner, auf welche das Volk sein Vertrauen gesetzt habe. Als Lamartine so, immer ruhiger werdend, seine Gedanken entwickelte, wandte sich Marche, in seiner Ueberzeugung wankend geworden, zaudernd und allmälig gerührt, an die mit ihm gekommenen Abgesandten, um sie um Rat zu fragen. Diese, ehrliche und aufrichtige Männer, bevollmächtigten einander durch Blicke und Bewegungen, nicht darauf zu bestehen. Marche verstand sie. „Nun wohl, rief er endlich aus, ja, wir werden warten. Die Arbeiter leiden; alles fehlt ihnen zu gleicher Zeit. Kein Brot heute; keine Arbeit morgen; nichts als ununterbrochenes Elend. Aber was würden sie nicht für die Republik ertragen? Ja, rief er feurig, wir wollen euch helfen, sie gegen ihre Feinde zu

---

[1] Vergl. Lamartine a. a. O. I p. 804.

verteibigen; ja, wir glauben euren Versprechungen; wir werden Zutrauen zu unserer Regierung haben, da sie Zutrauen zu uns hat; das Volk wird warten, es bringt drei Monate Elend der Republik zum Opfer."[1])

Merkwürdig! ruft Stern aus, während Lamartine so die Arbeiter von einer übereilten Maßregel abbrachte, während die Proletarier durch ihr Organ Marche die Verwirklichung ihrer Wünsche auf bessere Zeiten verschoben, improvisirte Blanc, der sich mit Ledru-Rollin und Flocon in eine Fensternische zurückgezogen hatte, mit eiliger Feder ein Dekret, welches genau das bewilligte, worauf sie soeben verzichtet hatten. Die Verwegenheit des jungen Sozialisten errang so den Sieg über das hinaus, was die Vernunft des Volkes in Wahrheit verlangte. Nicht das Volk war es, welches ihn hinriß, er im Gegenteil zog das Volk mit sich fort.

Stern fügt hinzu: Mag es immer sein, daß dies unüberlegte Dekret, welches mit einem Schlage alle Gesetze und alle industriellen und kommerziellen Beziehungen der Gesellschaft umstürzte, ohne irgend etwas über ihre Neugestaltung festzusetzen, von der Gesamtheit der Mitglieder der provisorischen Regierung unterzeichnet wurde. Das, was sich nach und nach verwirklichen sollte, ohne Zwang vor allem, durch die Uebereinstimmung der öffentlichen Meinung und durch internationale Uebereinkunft, nämlich die Umgestaltung der industriellen Welt, wurde mit der Macht der Autorität von einigen Männern beschlossen, die volkswirtschaftlichen Studien fremd gegenüberstanden, auf die Anregung eines in diesen schwierigen Fragen zwar bewanderten Geistes, der jedoch ohne praktische Erfahrung und in die Enge eines Systems eingezwängt war. Vorurteil und Schwäche stürzten sich verwegen in ein Chaos, in welches selbst das Auge des Genies nur mit Vorsicht zu bringen gewagt hatte.[2]) —

So unüberlegt Blanc's Handlungsweise erscheint, ebenso maßvoll und vernünftig war die Haltung der Arbeiter an diesem Tage. „Es war nicht mehr das Volk von 1793,

---

[1]) Vergl. Stern a. a. O. II p. 38 ff.
[2]) Ebenda p. 40 ff.

sagt Lamartine, ein Geist der Einsicht und Ordnung hatte diese Massen durchdrungen und die Vernunft, ausgedrückt durch das Wort, mußte in der Seele dieser arbeitsamen Menschen ein Echo, in ihren Armen eine Macht finden." [1]

Die erste verhängnisvolle Folge jenes Beschlusses war die Errichtung der Nationalwerkstätten, die durch Dekret vom 26. Februar beschlossen wurden.

Unterdessen war die Begehrlichkeit der Arbeiter durch jenen Sieg nur noch gewachsen. Wenige Tage später verlangten sie ein „Ministerium der Arbeit und des Fortschritts", eine Forderung, die Blanc (den das Portefeuille reizen mochte) eifrig befürwortete. Mit Mühe bewog man ihn, davon abzulassen, und statt dessen wurde zur Beruhigung des Volkes (und wohl auch Louis Blanc's) die Bildung einer permanenten Arbeiterkommission beschlossen, zu deren Präsidenten man Blanc ernannte, die jedoch nicht das geringste Resultat erzielt hat. [2] Die diesbezügliche Proklamation lautete folgendermaßen: [3]

„In der Erwägung, daß die Revolution, welche vom Volke gemacht ist, auch für dasselbe gemacht sein soll, daß es Zeit ist, den langen und außerordentlichen Leiden der Arbeiter ein Ziel zu setzen, daß die Frage der Arbeit von der größten Wichtigkeit ist, daß es keine höhere, einer republikanischen Regierung würdigere Beschäftigung giebt, daß es besonders Frankreichs Sache ist, ein Problem eifrig zu studiren und zu lösen, welches heute allen industriellen Nationen Europas gestellt ist, daß man ohne die geringste Verzögerung darauf bedacht sein muß, dem Volke die rechtmäßigen Früchte seiner Arbeit zu verbürgen, beschließt die provisorische Regierung der Republik: Eine permanente Kommission unter dem Namen Regierungskommission für die Arbeiter soll ernannt werden mit der ausdrücklichen und alleinigen Aufgabe, sich mit dem Schicksal derselben zu beschäftigen.

---

[1] Lamartine a. a. O. I p. 217.
[2] Vergl. Blanc, Hist. de 1848. I p. 133 ff. und Stern a. a. O. II p. 43 ff.
[3] Wir geben dieselbe wörtlich wieder, weil sie eine vorzügliche Probe des phrasenreichen Stiles jener Freiheitshelden ist, die den Mund weit aufmachten, die Taschen aber zuhielten.

Um zu zeigen, welche Wichtigkeit die provisorische Regierung der Republik der Lösung dieses großen Problemes beilegt, ernennt sie zum Präsidenten der Regierungs-Kommission f. b. A. eines ihrer Mitglieder, Herrn L. Blanc, und zum Vizepräsidenten ein anderes ihrer Mitglieder, Herrn Arbeiter Albert. Arbeiter werden berufen werden, sich an der Kommission zu beteiligen. Der Sitz der Kommission wird im Palais Luxembourg sein."[1])

Unterdessen traten die Nationalwerkstätten in Thätigkeit. Der Minister der öffentlichen Arbeiten, Marie, ernannte den Ingenieur Emile Thomas zum Direktor derselben. Die Arbeiten in ihnen bestanden, wie Sudre berichtet, im Erdumschaufeln, Dammaufwerfen, Straßenausbessern, Abbürsten von Brückengeländern und Laternenständern, die der Regen fast alle Tage blank wusch und ähnlichen lächerlichen Verrichtungen.[2])

Caussidière erklärte in der Nationalversammlung, die Arbeiter thäten nichts als Erde herausgraben und von einem Ort zum andern schaffen.[3])

Genützt hatten sie in Wahrheit garnichts, waren sie ja doch nur ins Leben getreten, „ pour donner à l' aumône l'apparence du salaire."[4]) Die Nationalwerkstätten beweisen, sagt Thonissen, daß die Substituirung des Gemeininteresses an Stelle des Sonderinteresses weit entfernt davon ist, jene Wunder zu erzeugen, die L. Blanc versprochen hatte.[5])

Bald war die Anzahl der in ihnen beschäftigten Arbeiter auf 150000 Mann angewachsen, sobaß sie eine bewaffnete Macht von gefährlichem Umfange bildeten. Dabei erforderten sie Opfer, welche die Finanzverhältnisse des Landes zerrütten mußten. Bis zum 5. März betrugen die Ausgaben für sie

---

[1]) Moniteur vom 29. Februar 1848.
[2]) Sudre, Geschichte des Kommunismus. Uebers. Berlin 1882, S. 378.
[3]) Moniteur vom 21. Juni 1848.
[4]) Pelletan, La nouvelle Babylone. Paris 1862, p. 51.
[5]) Thonissen, Le socialisme depuis l'antiquité. Louvain 1852, II p. 110.

schon mehr als 7 Mill. fr.,[1]) im ganzen haben sie nahe an 15 Mill. gekostet.[2])

Blanc verteidigt, wohl mit Recht, dies Mißlingen der Nationalwerkstätten damit, daß der Minister Marie ein erklärter Feind des Sozialismus und der Direktor Thomas sein persönlicher Gegner gewesen sei,[3]) und auch Lamartine giebt zu, daß sie „vom Geiste seiner Gegner inspirirt gewesen wären."[4])

„Diese berüchtigten und kläglichen Nationalwerkstätten, sagt Blanc, zu deren Urheber man mich in den Augen des gesamten Europa hat stempeln wollen, sind im Gegenteil nicht ohne mich, sondern gegen mich geschaffen worden."[5])

Die durch die Nationalwerkstätten repräsentirte Macht übte einen unwiderstehlichen Einfluß auf die Beratungen der Nationalversammlung aus. Derselbe war so groß, daß das Recht auf Arbeit in der That ohne Umschweife in den noch vor dem Juni angefertigten Verfassungsentwurf aufgenommen wurde. Ueberhaupt dominirte im Gouvernement provisoire noch bedeutend der Einfluß der Sozialisten, die damals die breite Masse des Volkes hinter sich hatten. Am 20. Juni gelangte der von dem ultrademokratischen Cormenin redigirte Verfassungsentwurf zur Veröffentlichung, der die weitgehenden Forderungen der Sozialisten in folgenden Artikeln erfüllte:

Art. 2. Die Verfassung gewährleistet allen Bürgern: die Freiheit, die Gleichheit, die Sicherheit, den Unterricht, die Arbeit, das Eigentum, die Unterstützung.

Art. 7. Das Recht auf Arbeit ist jenes Recht, welches jeder Mensch hat, durch Arbeit zu leben. Die Gesellschaft soll durch die produktiven und allgemeinen Mittel, über welche sie verfügt, und die anderweitig organisirt werden sollen, den gesunden Leuten, die sich nicht auf anderem Wege Arbeit verschaffen können, solche liefern.

---

[1]) Stern a. a. O. II p. 144.
[2]) Stein a. a. O. III S. 258 ff.
[3]) Blanc, Hist. de 1848. I p. 217 ff.
[4]) Lamartine a. a. O. II p. 85.
[5]) Blanc, Rév. franç. de 1789. III p. 101.

Art. 9. Das Recht auf öffentliche Unterstützung ist jenes, das verlassene Kinder, Invaliden und Greise besitzen, vom Staate die Mittel zu ihrem Unterhalte zu bekommen.

Art. 132. Die wesentlichen Bürgschaften des Rechtes auf Arbeit sind: Die Freiheit der Arbeit selbst, die freiwillige Assoziation, die Gleichheit der Beziehungen zwischen Arbeitgeber und Arbeiter, der unentgeltliche Unterricht, die gewerbliche Erziehung, die Spar- und Kreditinstitute und die Herstellung großer Arbeiten von öffentlichem Nutzen, bestimmt, im Falle von Arbeitslosigkeit die unbeschäftigten Hände zu verwenden.[1] —

Die Macht der Nationalwerkstätten war unterdeß in gefahrdrohender Weise gewachsen, sobaß die Regierung sich endlich genötigt sah, zu ihrer Auflösung zu schreiten. Die Arbeiter waren entschlossen, dieser Maßregel energischen Widerstand entgegenzustellen, und so entwickelte sich, unmittelbar hinter der Veröffentlichung des Entwurfes, die bekannte Junischlacht, welche in drei Tagen blutigen Kampfes ausgefochten wurde und mit einer völligen Niederlage der Arbeiterpartei endete.

Jetzt, nach der Unterwerfung des Proletariates, trat wieder die Partei der Ordnung an die Spitze. Der erste, unter dem Druck der Nationalwerkstätten geschaffene, Verfassungsentwurf wurde verworfen, und unter der Redaktion Marrast's ein zweiter in Angriff genommen, der am 29. August in der Kammer zur Verlesung kam.

Art. 8 des préambule lautete:

Die Republik schuldet den bedürftigen Bürgern den Unterhalt, sei es, indem sie denselben innerhalb der ihr zu Gebote stehenden Mittel Arbeit verschafft, sei es, daß sie in Ermanglung der Familie denen, die außer stande sind zu arbeiten, die Existenzmittel gewährt.

Diese Bestimmungen wurden weiter ausgeführt in Art. 13 des Entwurfes:

Die Verfassung garantirt den Bürgern die Freiheit der Arbeit und der Industrie. Die Gesellschaft begünstigt und

---

[1] Moniteur vom 20. Juni 1848.

ermutigt die Entwicklung der Arbeit durch den unentgeltlichen Elementarunterricht, die gewerbliche Erziehung, die Gleichheit der Beziehungen zwischen Arbeitgeber und Arbeiter, durch Spar- und Kreditinstitute, die freiwillige Assoziation und die durch den Staat, die Departements und die Kommunen zu treffende Einrichtung öffentlicher Arbeiten, welche geeignet sind, unbeschäftigte Hände zu verwenden; sie gewährt den verlassenen Kindern, den schwachen und hilflosen Greisen, denen ihre Familien nicht helfen können, Unterstützung.[1]

In den jetzt folgenden Beratungen über die neue Verfassung war unstreitig der Hauptpunkt die Frage des Rechtes auf Arbeit, welches die sozialistische Partei mit Anspannung aller Kräfte in die Verfassung zu bringen suchte. Doch war nach dem totalen Siege der Ordnungsparteien der Ausgang dieser Beratungen kaum noch zweifelhaft.[2]

Der Berichterstatter der Kommission, Armand Marrast, ließ sich über die Intentionen jener Paragraphen des Verfassungsentwurfes folgendermaßen aus:

„Wir sind überzeugt und behaupten, daß eine Gesellschaft schlecht eingerichtet ist, wenn Tausende rechtschaffener, gesunder und arbeitsamer Leute, welche kein anderes Eigentum besitzen als ihre Arme, keine anderen Unterhaltsmittel als ihren Arbeitslohn, sich zu den Schrecken des Hungers, den Qualen der Verzweiflung oder zur Erniedrigung des Almosens verurteilt sehen, ereilt durch Umstände, die stärker sind als ihre Willenskraft, und die sie von dem Dache verjagen, unter dem ihr Lohn sie leben ließ.

Wir sagen, daß wenn ein Bürger, dessen Arbeit sein Leben bedingt, sich zu arbeiten erbietet, um sich, eine Frau, Kinder, einen greisen Vater und eine Familie zu ernähren, wenn die Gesellschaft hier mitleidslos die Augen abwendet, wenn sie antwortet: Ich habe keine Arbeit für euch, sucht euch welche oder sterbt, ihr mit den Eurigen! so ist diese Ge-

---

[1] Moniteur vom 31. August 1848.
[2] Wir halten es für nötig, den Gang dieser Verhandlungen etwas ausführlicher zu bringen, da dieselben in deutscher Sprache noch nicht wiedergegeben worden sind.

sellschaft ohne Gefühl, ohne Tugend, ohne Sittlichkeit, ohne Sicherheit. Sie beschimpft die Gerechtigkeit, sie lehnt sich auf gegen die Menschlichkeit; ihre Handlungsweise verletzt alle Grundsätze, welche die Republik verkündet hat.

Im Namen dieser Grundsätze eben haben wir in die Verfassung das Recht, durch die Arbeit zu leben, geschrieben, das Recht auf Arbeit.

Diese Formel ist zweideutig und gefährlich erschienen. Man hat gefürchtet, daß sie eine Prämie für Müßiggang und Liederlichkeit sei; man hat gefürchtet, daß Legionen Arbeiter diesem Recht eine Tragweite geben würden, welche es nicht hat, und sich damit als einem Rechte zum Aufstande bewaffnen würden. Zu diesen erheblichen Einwänden tritt ein noch gewichtigerer: Wenn der Staat sich verpflichtet, allen denen, welche aus irgend einem Grunde beschäftigungslos sind, Arbeit zu liefern, so wird er auch jedem solche Arbeit geben müssen, für die er geeignet ist. Der Staat wird also Fabrikant, Kaufmann, Groß- oder Kleinproduzent werden; belastet mit allen Bedürfnissen, wird er das Monopol jeder Industrie haben müssen.

Derart übermäßige Folgerungen hat man in unserer Formulirung des Rechtes auf Arbeit gesehen; und da dieselbe unseren Gedanken so entgegengesetzte Auslegungen zuließ, so haben wir diesen Gedanken klarer und unzweideutiger machen wollen, indem wir das Recht des einzelnen durch die der Gesellschaft auferlegte Pflicht ersetzten.

Die Form hat gewechselt, die Sache bleibt dieselbe.

Nein, wir haben niemals gewollt, daß die Verfassung den faulen oder unsittlichen Arbeiter ermutigen könne, die Werkstatt im Stich zu lassen, um vom Staate eine leichtere Arbeit zu verlangen; wir haben niemals gewollt, daß der Staat der Privatindustrie eine mörderische Konkurrenz machen könne. Wir würden es uns als einen Frevel anrechnen, auch nur die Miene anzunehmen, als ob wir diesen schroffen Doktrinen die Hand reichten, deren erstes Wort die Vernichtung der Freiheit und deren letztes Wort der Untergang jeder gesellschaftlichen Ordnung ist.

Aber wie? Giebt es keinen festen und sicheren Weg zwischen den Grausamkeiten der Selbstsucht und den Abgründen des Wahnsinns? Kann die Gesellschaft nichts versuchen, nichts organisiren, um die arbeitsame Bevölkerung auf eine höhere Stufe des Unterrichts, der Sittlichkeit und des Wohlstandes zu heben, ohne zugleich alle Schrecken des Aufruhrs zu entfesseln?"

Dieser Weg, führt Marrast aus, hat sich durch die im Entwurf vorgeschlagenen Paragraphen gefunden, deren Absicht es ist, den Arbeiter zu schützen und gegen Not und Elend zu sichern.[1])

Am 5. September begannen die Beratungen und zwar zuerst über das préambule. Fresneau stellte den Antrag, dasselbe gänzlich wegfallen zu lassen,[2]) eine glänzende Rede Lamartine's entschied jedoch den Sieg.

Das Amendement Fresneau wurde mit 491 gegen 225 Stimmen verworfen.[3])

Am 11. September begannen die Debatten über Art. 8 des Entwurfes. Mathieu de la Drôme stellte demselben folgendes Amendement entgegen: „Die Republik soll den Bürger in seiner Person, seiner Familie, seiner Religion und seinem Eigentum schützen. Sie erkennt das Recht aller Bürger auf den Unterricht, die Arbeit und die Unterstützung an."

In gewandter, viel unterbrochener Rede verteidigt er seinen Antrag.

Er verwahrt sich gegen die Beschuldigung, daß sein Antrag kommunistischen Ideen das Feld ebnen solle; mit schlagenden Gründen beweist er die Notwendigkeit des Rechtes auf Unterricht und auf Unterhalt und geht dann zur Verteidigung des Rechtes auf Arbeit über. Er hebt hervor, daß er den Individuen mit diesem Rechte keineswegs seine Verantwortlichkeit und den Sporn zur Selbstthätigkeit nehmen wolle; der einzelne müsse sich durch seine Anstrengungen eine anständige, unabhängige Stellung in der Gesellschaft zu schaffen suchen, wenn aber jemand trotz aller Bemühungen Schiffbruch leide, so sei es Pflicht der mensch-

---
[1]) Moniteur vom 31. August 1848.
[2]) Moniteur vom 6. September 1848.
[3]) Moniteur vom 7. Sept. 1848.

lichen Gesellschaft, denselben durch Zuweisung nützlicher Arbeiten vom Untergang zu retten. Das Recht auf Arbeit, fährt er fort, ist ein notwendiges Aequivalent des Rechtes auf Eigentum, ohne jenes ist dieses nicht denkbar. Man sagt, es stünde dem Arbeiter frei, schlecht gelohnte Arbeit zurückzuweisen. Dies heißt ganz einfach, es steht ihm frei, vor Hunger zu sterben; der Besitzlose ist der Sklave des Besitzenden. Selbst diejenigen, welche nicht zugeben, daß die Arbeit ein Recht ist, müssen wenigstens eingestehen, daß sie eine Notwendigkeit ist; wird aber jemand leugnen wollen, daß eine Notwendigkeit, welche nicht durch ein Recht gestützt wird, notwendigerweise zur Sklaverei führen muß! Jeder Mensch hat das Recht, sich Eigentum zu erwerben; da dies ohne Arbeit nicht möglich ist, hat er das Recht auf Arbeit. Ich behaupte, daß die Verweigerung dieses Rechtes geradeswegs zum Kommunismus führt, denn wer das Recht auf Arbeit leugnet, verwirft die Berechtigung des Eigentums. Die Garantie der Arbeit ist für die Völker der Weg zum Wohlstand; was anders hat die meisten Kriege herbeigeführt, welche die Welt seit ihrem Bestehen in Schrecken setzten, als die leidige Frage: Wie sollen wir unsern Durst, unsern Hunger stillen? Der Arbeiter ist ehrenhaft, er hat edle und erhabene Gefühle, aber es giebt etwas Stärkeres als diese Gefühle, das ist der Hunger, das sind arme Kinder, welche nach Brot schreien. Setzen Sie an Stelle des Rechtes auf Arbeit für den gesunden Arbeiter das Recht auf Unterstützung, und ich versichere Ihnen, daß die Geschichte eines Tages sagen wird, Sie haben für die Erniedrigung, die Herabwürdigung, die Entsittlichung der ersten Nation der Welt gestimmt........

Namentlich bezeichnet er die Bodenkultur als dasjenige Gebiet, auf dem unbeschäftigte Hände am besten zu verwenden seien. Er schließt seine Rede mit den Worten:

Drei unbestreitbare Wahrheiten rufe ich Ihnen in's Gedächtnis:

Die Arbeit ist nicht beschränkt.

Der arbeitende Mensch bringt mehr hervor, als er verbraucht.

Es ist ein Vorteil, den Wohlstand der Arbeiter zu vermehren.

Sittlichkeit und Religion haben uns bewiesen, daß die Menschen Brüder waren; die Wissenschaft selbst bestätigt diese Wahrheit, die Wissenschaft beweist, daß die Interessen aller Menschen solidarisch sind. Ehre dem Volke, welches zuerst diese Wahrheit begreifen wird. Beschließen Sie das Recht auf Arbeit und Sie werden ein bedeutsames Blatt in dem Buche der Geschichte ausfüllen.[1])

Nicht ganz so entschieden wie dieser Redner, tritt Pelletier für das Recht auf Arbeit ein; er hebt mehr die Notwendigkeit des Rechtes auf Unterhalt hervor, welches jedoch erst dann eintreten soll, wenn der Staat außer stande ist, Arbeit zu beschaffen. Seine Rede ist von heftigen Ausfällen gegen Malthus, dessen Grundsätze er als inhuman verwirft, erfüllt. Um jeden Aufstand, jedes Blutvergießen, jeden Bürgerkrieg unmöglich zu machen, so schließt er seine Rede, muß man dem Menschen die Furcht vor dem folgenden Tage nehmen.[2])

Der nächste Redner, Tocqueville, zeigt, daß alle diese Forderungen der Sozialisten sich in Wahrheit gegen das Eigentum richten, daß sie den Staat nicht allein zum Leiter der Gesellschaft, sondern gleichsam zum Beherrscher jedes einzelnen Menschen machen wollen, daß der Sozialismus nur eine Form der Sklaverei sei. Der Staat der Sozialisten, ruft er aus, ist eine reglementirte, genau geregelte, abgezirkelte Gesellschaft, in welcher der Staat alles, der einzelne nichts ist, deren einziges Ziel der Wohlstand ist; kurz, eine Gesellschaft nicht von denkenden Menschen, nein, von unvernünftigen Tieren. Der Sozialismus verwandelt den Menschen in einen Beamten, ein Werkzeug, eine Zahl. Der Staat hat kein Recht, sich mitten in die Industrie zu stellen, ihr Vorschriften aufzuerlegen, das Individuum zu tyrannisiren, um es besser zu regieren, oder, wie man unverschämter Weise behauptet, um es vor sich selbst zu retten.[3])

---

[1]) Moniteur vom 12. Sept. 1848.
[2]) Moniteur vom 13. Sept. 1848.
[3]) Ebenda.

Diesen Ausführungen tritt Ledru-Rollin entgegen. Der Mensch, erklärt er, empfängt von der Natur das Recht zu leben; wehe der Gesellschaft, wenn sie es ihm nicht durch das Recht auf Arbeit zubilligt. Trotz dieser Verteidigung des Rechtes auf Arbeit verwahrt er sich von einem schwer zu begreifenden Standpunkt aus gegen den Sozialismus, giebt auch zu, daß man vorläufig noch kein Mittel absehen könne, wie jenes Recht zu verwirklichen sei.[1])

Auf einen vermittelnden Standpunkt stellt sich Duvergier de Hauranne. Ein Recht auf Arbeit, zeigt er, ist überflüssig, solange die Industrie sich in blühendem Zustande befindet. Aber im Leben der Völker, besonders der gewerbetreibenden, kommt es häufig vor, daß Tausende dessen beraubt werden, was sie zum täglichen Unterhalt bedürfen; dann soll der Staat, und die Notwendigkeit zwingt ihn schon von selber dazu, mit allen Kräften sich bemühen, diese Uebelstände zu heilen. Aber grundfalsch ist es, ein Recht auf Arbeit zu gewähren. Die Arbeiter, welche wissen, daß den glücklichen Zeiten trübe folgen können, suchen sich durch Sparsamkeit gegen diese zu sichern. Fällt durch Gewährung jenes Rechtes diese Furcht weg, so fällt mit ihr auch jeder Antrieb zur Vorsorge, zur Sparsamkeit. Aber dem Arbeiter geht mit diesem Rechte noch eine andere Hilfsquelle verloren, nämlich die Mildthätigkeit der Privatpersonen, welche, sobald der Staat alle Verpflichtungen übernimmt, keinen Grund mehr haben wird, sich zu bethätigen.[2])

Dieser Ansicht, daß nur in schlimmen Zeiten ein Notrecht auf Arbeit gehandhabt werden soll, tritt auch Marcel Barthe bei. Er zeigt, daß die Durchführung eines Rechtes auf Arbeit eine völlige Organisation der Arbeit bedinge. Die Organisation der Arbeit aber, erklärt er, ist eine vollständige Reorganisation der ganzen Gesellschaft. Das Recht auf Arbeit ist das erste Glied der Kette, welche die Kommunisten der Gesellschaft anlegen wollen.[3])

Die beste Widerlegung des Rechtes auf Arbeit gab in

---

[1]) Ebenda.
[2]) Ebenda.
[3]) Ebenda.

einer glänzenden Rede Thiers; die Grundgedanken derselben lassen sich etwa in folgenden Worten wiedergeben:

Es giebt nichts Gefährlicheres, als wenn ein Volk, dessen Schicksal man verbessern will, dessen Leidenschaften man schmeichelt, sich der Herrschaft bemächtigt, nichts Gefährlicheres, als diesem Volke zu sagen, daß ihm ein Gut gehöre, welches böswillige Besitzer ihm unrechtmäßiger Weise vorenthalten. Die Stützen der modernen Gesellschaft sind folgende drei Prinzipien: Das Eigentum, die Freiheit und die Konkurrenz. Die erste Grundlage des Eigentums ist die Arbeit. Ohne die Arbeit ist der Mensch das elendeste der Wesen. Die Natur, die Gesellschaft rufen dem Menschen zu: Arbeite! Arbeite! und du wirst die Frucht deiner Arbeit genießen. Indem sie ihm dies sagt, giebt sie ihm einen mächtigen Ansporn. Aber es ist notwendig, daß dieser Ansporn unaufhörlich wirke, alsdann wird auch sein Eifer unermüdlich sein. Durch das persönliche Eigentum wird dieser Ansporn machtvoll, durch das erbliche Eigentum wird er unaufhörlich. Ueberall steht die Glückseligkeit im Verhältnis zu der Achtung, welche das Eigentum genießt. Zum Prinzip des Eigentums aber tritt das der Freiheit, welches seine Hauptwirkung in dem dritten Prinzip, dem der Konkurrenz, findet. Die Gesellschaft sagt nicht nur: Arbeite! sie sagt: Versuche besser zu arbeiten als dein Nachbar! Wenn Du bessere Produkte erzielst als er, so wirst Du den Sieg über ihn davontragen! Wem anders als diesem Ansporn verdanken wir alle Fortschritte, welche die letzten Jahrhunderte gezeitigt haben? Die Konkurrenz, der Eifer, Besseres zu leisten, hat die Kraft der Arme durch die des Dampfes ersetzt. Seit fünfzig Jahren haben wir die Wunder des Spornes der in diesem industriellen Wetteifer liegt, erblickt. Man hat irriger Weise gemeint, das Volk trage die Kosten dieser Konkurrenz; im Gegenteil hat gerade sie der Gesellschaft alle Produkte in größter Reichhaltigkeit und weit billiger verschafft. Ausführlich weist er nach, daß dank dieser Konkurrenz der Lohn des Arbeiters bedeutend gestiegen sei, und seine Lage im Vergleich zu früheren Zeiten sich wesentlich gebessert habe. Von dem Fortschritte der Gesellschaft, führt er aus, haben alle Vorteil gehabt, aber zum Glück die

Arbeit noch mehr als das Kapital; der Gang der Civilisation wendet sich gegen die Armut der arbeitenden Klassen. Thiers wendet sich dann weiter gegen den Kommunismus, die Assoziation und die sonstigen Formen des sozialistischen Gedankens, um zum Schluß insbesondere die Unmöglichkeit eines Rechtes auf Arbeit auseinanderzusetzen. Die Erde, sagt er, ist mit Kapitalien, Werkzeugen, Vorräten u. s. w. bedeckt. Was für ein Interesse haben die früheren Besitzer des Landes, welche alles dies hervorgebracht, gehabt, sich dieser Mühe zu unterziehen? Dieses Interesse ist die Rente. Ist es zu verwundern, daß sie für diese Kapitalien einen Zins verlangen? Es ist also kindisch, auf Grund der Besitznahme dieses, durch sie erst wertvoll gemachten Landes ein Recht auf Arbeit zu fordern. Man sagt uns, daß Almosen nehmen etwas Erniedrigendes enthalte. Welcher Unterschied ist denn zwischen einem Arbeiter, dem aus Mangel an Brot Geld gegeben wird, und demjenigen, dem man aus demselben Grunde, aus dem Grunde des Mitleids, Arbeit giebt? Es ist eben thöricht, zu behaupten, daß eine Wohlthat erniedrige. Daß der Staat sich nicht zum Unternehmer eignet, ist schon hervorgehoben worden, wohin aber die Ausführung öffentlicher Arbeiten führt, haben uns die Nationalwerkstätten gezeigt. Der verderblichste Fehler aber ist der, die Finanzkraft des Landes für unerschöpflich anzusehen, während sie in der That eng begrenzt ist. Er schließt seine von lebhaftem Beifall begleitete Rede mit einem Appell „nicht an die Menschlichkeit, sondern an die Gerechtigkeit der Gesellschaft."[1])

Victor Considérant entgegnet ihm, daß die Gesellschaft ihm keineswegs so gut organisirt scheine, daß in einer Weltordnung, deren Hauptprinzip die Konkurrenz ist, Proletariat und Pauperismus in gleicher Weise sich ausbreiten müssen. Zum Schluß verlangt er vier Abendsitzungen, um seine Ansichten auseinanderzusetzen, eine Forderung, die allgemeines Entsetzen hervorruft.[2])

Martin-Bernard [verwechselt das Recht auf Arbeit, welches er das heiligste und unverletzlichste aller Rechte nennt,

---

[1]) Moniteur vom 14. Sept. 1848.
[2]) Ebenda.

beständig mit dem auf Existenz; des weiteren verbreitet er sich über die Assoziation, welche er für die zukünftige Form der Gesellschaft erklärt.[1])

Alsdann läßt sich Lamartine in einer längeren Rede über das Recht auf Arbeit aus, ohne daß man recht zur Klarheit kommen kann, ob er dasselbe verwirft oder verteidigt, da er es von dem Rechte auf Existenz nicht zu unterscheiden vermag. Er fordert das Recht jedes einzelnen, nicht Hungers sterben zu müssen; nicht das Recht auf jede Arbeit, wohl aber auf die Existenz, die Garantie der Unterhaltsmittel durch die dem Arbeiter im Falle bringender Not und unfreiwilliger Erwerbslosigkeit gelieferte Arbeit und zwar zu den von der Verwaltung des Landes bestimmten Bedingungen, immer natürlich in den Grenzen ihrer Macht.[2])

Da unterdessen die Aussichtslosigkeit der Mathieu'schen Forderung klar zu Tage getreten war, brachte Glais-Bizoin ein anderes Amendement mit folgendem Wortlaut ein: „Die Republik soll den Bürger in seiner Person, seiner Familie, seinem Eigentum, seiner Arbeit schützen. Sie erkennt das Recht aller Bürger auf den Unterricht, das Recht auf die Existenz durch Arbeit und auf Unterstützung an." Jedoch auch hierfür war erklärlicher Weise keine Majorität zu finden, da die Constituante zur großen Mehrzahl aus liberalen Elementen bestand. Das Amendement wurde mit 596 gegen 187 Stimmen abgelehnt.[3])

Am 15. September wurde die von der Kommission beantragte Fassung angenommen.[4]) Am 21. kam Art. 13 der Verfassung zur Beratung, der ohne weiteren Widerspruch genehmigt wurde.[5])

Bei der zweiten Lesung verlangte Pyat anstatt des droit au travail mit einer Umgehung jener Worte ein droit de travail. Trotzdem Pyat's Rede vorzüglich war, konnte

---

[1]) Moniteur vom 15. Sept. 1848.
[2]) Moniteur vom 15. Sept. 1848.
[3]) Ebenda.
[4]) Moniteur vom 16. Sept. 1848.
[5]) Moniteur vom 22. Sept. 1848.

die Abstimmung nicht mehr zweifelhaft sein; sein Antrag wurde mit 638 gegen 86 Stimmen verworfen.[1])

Die endgiltige Annahme der Konstitution erfolgte am 4. November.[2]) Der Kampf um das Recht auf Arbeit hatte mit einer völligen Niederlage der Sozialisten geendet.

Garnier giebt die Meinungen mehrerer hervorragender Männer über das Recht auf Arbeit wieder, von denen hier in einigen kurzen Bemerkungen Notiz genommen werden soll.

Léon Faucher sagt u. a.: Unter allen revolutionären Verirrungen kenne ich keine gefährlichere, keine, die mehr den Umsturz alles Bestehenden bedingt, als jene, welche sich unter dem anscheinend gesetzlichen Banner des Rechtes auf Arbeit verbirgt..... Die Verteidiger dieses Rechtes gehen sämmtlich von dem sophistischen Satze Rousseau's aus: „Alles ist gut, was aus den Händen des Schöpfers hervorging, alles entartet unter den Händen des Menschen.".... Das Recht auf Arbeit richtet sich gegen das Recht auf Eigentum.... Das Recht auf Arbeit beschließen, das heißt den Staat zum Lenker aller Existenzen, zum Meister aller Schicksale, zum Unternehmer aller Industrien machen. Das Recht auf Arbeit ist das Recht auf das Kapital, das Recht auf den Lohn, das Recht auf die Unterstützung; es ist die ausgedehnteste Schöpfung, mit der man die einzelnen gegen die Hilfsmittel des Staates bewaffnen kann. — Ebenso verwirft er das Recht auf Existenz. Das Recht auf Unterstützung, behauptet er, muß auf die Dauer unfehlbar die Entsittlichung der einzelnen, die Schwächung und den Untergang des Staates herbeiführen. Indem man die Armut unterdrücken will, wird man die Arbeit unterdrücken.[3])

Wolowsky spricht seine Meinung dahin aus: Jeder vernünftig regierte Staat wird nach Möglichkeit den gesunden Armen Arbeit zu verschaffen suchen, denn er wird niemals das zum Unterhalt notwendige Brot verweigern. Aber die wahrhafte Aufgabe des Staates besteht darin, diese äußerste Zuflucht

---

[1]) Moniteur vom 2. und 3. November 1848.
[2]) Moniteur vom 5. Nov. 1848.
[3]) Garnier, Le droit au travail à l'assemblée nationale. Paris 1848, p. 328 ff.

des einzelnen, welche den Mangel an regelmäßiger und nutzbringender Beschäftigung verrät, immer seltener zu machen. Wenn der Staat die industrielle Entwicklung dadurch fördert, daß er der individuellen Thätigkeit einen passenden Beruf eröffnet, wird er in Wahrheit seine Aufgabe erfüllen.[1])

Bastiat urteilt über die „bizarre These des Rechtes auf Arbeit" folgendermaßen: Die Existenz dieses Rechtes bedingt notwendig die Verneinung des Rechtes auf Eigentum; ohne Eigentum giebt es keine Kapitalbildung, ohne Kapitalbildung aber giebt es keine Arbeit für die Arbeiter. Das Recht auf Arbeit ist also, kurz gesagt, das allgemeine bis zur völligen Vernichtung gesteigerte Elend.[2])

In demselben Sinne hatte schon Proudhon erklärt: Gebt mir das Recht auf Arbeit, und ich lasse euch das auf Eigentum. Ein Recht auf Arbeit ist nur möglich durch die Umformung des Eigentums.[3]) —

Diese sozialistischen Bewegungen fanden einen Widerhall in Deutschland.

Im März 1848 wurde, analog dem französischen Vorgange, in einer Petition an den König von Preußen ein aus Arbeitern und Arbeitgebern zusammengesetztes Arbeitsministerium verlangt,[4]) und, in Anlehnung an die Nationalwerkstätten, suchte man die beschäftigungslosen Arbeiter durch umfangreiche Bauten von Kirchen, Kanälen, Chausseen und öffentlichen Gebäuden zu beschäftigen.[5])

Auch die Erklärung der „Menschenrechte" wurde durch die Aufstellung der „Grundrechte des deutschen Volkes" in den Verhandlungen des Frankfurter Parlamentes nachgeahmt.

---

[1]) Ebenda p. 357 ff.
[2]) Ebenda p. 373 ff.
[3]) Proudhon, Das Recht auf Arbeit, das Eigentumsrecht und die Lösung der sozialen Frage. Ueberf. Leipzig 1849, S. 2.
[4]) Biedermann a. a. O. I S. 239. — Streckfuß, Erinnerungen aus dem Jahre 1848 (Im „Zeitgeist" vom 11. August 1890).
[5]) Streckfuß a. a. O. — Eberty, Geschichte des preußischen Staates. Breslau 1873, VII S. 357 f.

Zu § 30¹) dieser Grundrechte hatte ein Kongreß deutscher Handwerker- und Arbeitervereine in Berlin eine Petition auf Schutz und Bürgschaft der Arbeit eingereicht, die unter anderem verlangte, daß der Staat jedem, der arbeiten wolle, eine seinen Kräften angemessene Arbeit und menschlichen Bedürfnissen angemessenen Lohn verbürge.²)

Der Berichterstatter des volkswirtschaftlichen Ausschusses, Fabrikant Degenkolb, führte aus, daß kein Staat eine solche Bürgschaft übernehmen könne. Bedürfnisse schaffen die Arbeit, sagte er, aber weder Bedürfnisse noch Arbeit lassen sich durch Dekrete schaffen..... Das Prinzip des Eigentums ist die Arbeit, aber die Triebfeder der Arbeit ist der Besitz; wird der Besitz in Frage gestellt, so hört die Triebfeder zur Arbeit auf, die sich weder mit Gewalt noch künstlich dauernd in Bewegung erhalten läßt. Wollte der Staat jedem eine seinen Kräften angemessene Arbeit und dieser entsprechenden Lohn verbürgen, so würden die Arbeiter zur Unmündigkeit herab- und in gänzliche Erschlaffung versinken..... Jeder Sporn zur Thätigkeit, des Vorwärtsstrebens, jede Anstrengung zur Ueberwindung von Schwierigkeiten würde vermieden, der Trieb zur Selbsthilfe, Selbstsorge, die ganze Intelligenz würde vernichtet werden, die große Masse würde sich mit dem täglichen Brote begnügen, den Staat als Vormund betrachten und diesem die Sorge überlassen, es herbeizuschaffen.³)

Simon von Trier stellte einen Zusatz-Antrag zu § 30: „Die Vorsorge für mittellose Arbeitsunfähige ist Pflicht der Gemeinden, beziehungsweise des Staates. Dem unfreiwillig Arbeitslosen muß die Gemeinde, beziehentlich der Staat, Arbeit gewähren."⁴)

Ein anderer Antrag von Nauwerk lautete: „Jeder Deutsche hat ein Recht auf Unterhalt; dem unfreiwillig

---

¹) Das Eigentum ist unverletzlich. Eine Enteignung kann nur aus Rücksichten des gemeinen Besten, nur auf Grund eines Gesetzes und gegen gerechte Entschädigung vorgenommen werden. Das geistige Eigentum soll durch die Reichsgesetzgebung geschützt werden.
²) Sten. Bericht über die Verhandlungen der deutschen konstituirenden Nationalversammlung. Frankfurt a. M. 1849, VII S. 5100.
³) Ebenda S. 5101.
⁴) Ebenda S. 5104.

Arbeitslosen, welchem keine verwandtschaftliche oder genossenschaftliche Hilfe wird, muß die Gemeinde, beziehentlich der Staat, Unterhalt gewähren und zwar, soweit irgend möglich, durch Anweisung von Arbeit."[1])

Nauwerk, ein Anhänger des Rechtes auf Arbeit, stellte diesen Antrag, da er die Aussichtslosigkeit der Simon'schen Forderung voraussah.

In der Debatte, welche sich über die Amendements zu § 30 entspann, hob Nauwerk hervor, daß dies nicht das berüchtigte Recht auf Arbeit sei, sondern nur das Recht auf den Unterhalt, oder mit anderen Worten das Recht, nicht zu verhungern. Nicht eher, sagte er, wird Ruhe und Ordnung werden, als bis dem Menschen die Existenz gesichert ist. Sie haben die Todesstrafe abgeschafft, schloß er seine Rede, schaffen Sie nun auch die Lebensstrafe ab.[2])

Für das Recht auf Arbeit traten in längeren Reden Schütz von Mainz[3]) und besonders Simon von Trier[4]) ein. Wer Kraft hat und arbeiten will, rief dieser Redner aus, von dem sage ich, er hat das Recht, nicht zu verhungern, und wenn Sie dieses Recht von Staatswegen nicht anerkennen, so sage ich, er hat das Recht der Revolution, entweder im Großen, wenn er Genossen findet, oder im Kleinen, indem er die Gesetze des Staates als Einzelner überschreitet.

Bei der Abstimmung (am 9. Februar 1849) wurden sämmtliche Zusätze zu § 30 mit 317 gegen 114 Stimmen verworfen.[5])

c. Nach 1848.

Nach den Bewegungen des Jahres 1848 verstummte nicht nur der Ruf nach dem Rechte auf Arbeit, sondern die sozialistischen Forderungen überhaupt für einige Zeit, abgesehen von dem Marlo'schen Werke, das jedoch nur wenig be-

---

[1]) Ebenda S. 5104 f.
[2]) Ebenda S. 5106 f.
[3]) Ebenda S. 5127 ff.
[4]) Ebenda S. 5132 ff.
[5]) Ebenda S. 5143 ff.

kannt wurde. In Frankreich ist das Recht auf Arbeit seitdem überhaupt nicht mehr auf die Tagesordnung gesetzt worden; es ging nun fast ausschließlich in deutschen Besitz über, wenigstens was die theoretische Erörterung desselben anlangt.

In der Praxis dagegen übte in Frankreich Napoleon III. die Anerkennung des Rechtes auf Arbeit im weitesten Maße aus. „Die arbeitende Klasse, sagte er einmal, hat keinen anderen Reichtum als ihre Arme, man muß diesen Armen nur Beschäftigung geben." [1])

Es sind bekannte Thatsachen, wie Napoleon durch das Umbauen fast aller größeren Städte unzähligen Händen Beschäftigung gab — auf Kosten des Staats- und Gemeindesäckels, deren Schuldenlasten bis in's Unendliche stiegen. Bis 1869, berichtet Treitschke, waren bereits 1500 Millionen fr. für die Neugestaltung der Hauptstadt allein verwendet worden.[2]) Die Folgen machten sich bald geltend. Ein Heer von Unternehmern verlangte dauernde Beschäftigung von dem Staate, der sie von Beruf und Heimat hinweggelockt hatte — denn es war der Staat, der die Städte durch Befehl und Gunst zu dem Umbau verführte. Dergestalt wurden die öffentlichen Arbeiten des Kaiserreiches nach und nach zu Nationalwerkstätten im Sinne der Februarrevolution; man baute um zu bauen, und niemand wußte, was aus dieser Schraube ohne Ende werden solle.[3]) Das schlimmste Uebel dabei war die enorme Entvölkerung des flachen Landes, welche so hervorgerufen wurde.

Die Wirtschaftspolitik Napoleons III. zeigt mit unwiderleglicher Klarheit, wie verkehrt es ist, alles von der Staatshilfe zu erwarten, welche eben nur dann, wenn die Selbsthilfe nicht mehr ausreicht, gleichsam als das Supplement derselben eintreten soll.

Auch in anderen Ländern wurde bisweilen der Ruf nach dem Rechte auf Arbeit laut, ohne jedoch irgend welchen

---

[1]) Kontzen, Geschichte der sozialen Frage. Berlin 1871, S. 138.
[2]) Treitschke, Historische und politische Aufsätze. Leipzig 1871, III S. 340.
[3]) Ebenda III S. 342.

Anklang zu finden; so 1871 in England zur Zeit der Krankheit der Königin. Es wurden damals Aufrufe erlassen, welche das sozialistisch-republikanische Programm enthielten, und in denen auch das Recht auf Arbeit eine Rolle spielte. So betonte eins dieser Manifeste die „Verpflichtung des Staates, passende Beschäftigung für alle arbeitsfähigen Bürger und Unterhalt für die Arbeitsunfähigen zu gewähren, wobei Niemand von der Arbeit des Anderen leben solle."[1])

Das Recht auf Arbeit verschwindet von nun an aus dem Programm der Arbeiter; Produktiv-Assoziationen und noch weitergehende Forderungen nehmen seine Stelle ein und finden bedeutende Verfechter. Das Recht auf Arbeit geht mehr in das Gebiet der theoretischen Erörterung über. Seine Verteidiger gehören einer Parteifärbung an, die man etwa mit dem Namen Halbsozialisten bezeichnen könnte; sie scheuen sich, mit dem einen Wirtschaftssystem zu brechen und liebäugeln doch mit dem anderen.

Im Jahre 1850 ließ der Kasseler Professor der Chemie Winkelblech unter dem Pseudonym Marlo den ersten Band seiner umfangreichen „Untersuchungen über die Organisation der Arbeit oder System der Weltökonomie" erscheinen, dem bald einige weitere Bände folgten.

„Der nächste Grund des Arbeitsmangels, führt er aus, ist unstreitig die Verweigerung des Rechtes auf Arbeit; denn wie das Nationalkapital auch beschaffen sein mag, stets läßt sich die vorhandene Arbeitskraft damit bewaffnen, wenn auch in so unvollkommener Weise, daß dieselben Personen weniger produzieren, als sie, vollständig mit Kapital versehen, produzieren würden. In diesem Umstande liegt jedoch durchaus kein Rechtfertigungsgrund für die Verweigerung des Rechtes auf Arbeit; denn das vermeintliche Recht auf Erwerbs- und Uebervölkerungsfreiheit schließt, auch wenn man es anerkennt, die Pflicht des Staates nicht aus, die schädlichen Folgen dieser Freiheiten auf alle Staatsangehörigen gleichmäßig zu verteilen."[2])

---

[1]) Jäger, Der moderne Sozialismus. Berlin 1873, S. 115 f.
[2]) Marlo a. a. O. IV S. 18.

Seine praktischen Vorschläge bestehen in Begünstigung der Auswanderung und Kolonisation, Erschwerung der Einwanderung und vor allem in der Verminderung der Geburten, wofür er ein ausführliches System ausgearbeitet hat.[1]) Marlo ist sehr vertrauensselig. „Soviel glauben wir, sagt er, mit Zuversicht behaupten zu können, daß mit der Verwirklichung unserer Vorschläge sowohl alle Armut, als die ihr nahe stehenden Grade von Dürftigkeit gänzlich verschwinden werden; und zwar unter gleichzeitiger Vermehrung des Einkommens der großen Mehrzahl aller Glieder der Gesellschaft. Wir glauben nicht zu übertreiben, wenn wir, unter Voraussetzung des jetzigen Zustandes der Technik, in Ländern wie Frankreich oder Deutschland auf eine Verdoppelung des durchschnittlichen Einkommens rechnen."[2])

Marlo's Buch besitzt trotz aller Uebertreibungen und Verkehrtheiten doch wissenschaftlichen Wert und unbestreitbare Originalität. Von der späteren Literatur über das Recht auf Arbeit läßt sich dies nicht behaupten; es werden nur mit mehr oder weniger (was der häufigere Fall ist) Gewandheit die alten Gedanken und Wendungen rekapitulirt. Wir können uns daher bei der Besprechung derselben etwas kürzer fassen, um so mehr, als wir diese Schriften, soweit sie originelle Gedanken über unseren Gegenstand bringen, in dem zweiten Teile unserer Arbeit zu berücksichtigen haben.

Im Jahre 1856 spricht Th. Mundt seine schon zwölf Jahre früher geäußerten Ansichten in den Worten aus: „Das jedem Einzelwesen als solchem innewohnende Recht auf Existenz sollte auch in der Benutzung und Verwertung, welche die Gesellschaft seinen Arbeitskräften schuldet, zur Anerkennung kommen."[3])

Nachdem es dann dieser viel geplagten Frage vergönnt war, sich fünfzehn Jahre hindurch einer ungestörten Siesta hinzugeben, ließ im Jahre 1871 Lindner eine Schrift erscheinen, aus der selbst mit Aufwendung eines ungewöhn-

---

[1]) Ebenda IV S. 67—123.
[2]) Ebenda IV S. 24 f.
[3]) Vergl. Mundt, Die Geschichte der Gesellschaft in ihren neueren Entwicklungen und Problemen. Leipzig 1856.

lichen Scharfsinns nicht zu ersehen ist, ob er das Recht auf
Arbeit oder das auf Existenz verteidigen will. Diese beiden
Rechte vermag er überhaupt nicht zu unterscheiden, wie folgen=
der Satz aus seinem Buche beweist: „Die Berufung auf das
allgemeine Wohl hat nur dazu gedient, um das natürliche
Recht des Menschen, nicht verhungern zu müssen b.
h. sich durch Arbeit fortzubringen, zu beseitigen.¹)
   1874 ergreift der Professor der Moraltheologie
Reischl das Wort zur Verteidigung der Arbeiter. „Sie sind
keine Bettler, ruft er aus, welche mit Almosen abgefertigt
werden können. Wir haben hier Tausende und Tausende
von Männern mit der Kraft und dem Willen der Arbeit;
und weil sie arbeiten, wollen und sollen sie auch essen, sie
und ihre Familien; nicht Almosen verlangen sie, sondern
Lohn, nicht Erbarmen und Mitleid, sondern Recht und Ge=
rechtigkeit." Ob er jedoch wirklich für ein volles Recht auf
Arbeit eintrete, das ist der Professor der Moraltheologie,
dessen unklare, pastorale Ausdrucksweise die mangelhafte Be=
schäftigung mit volkswirtschaftlichen Fragen erkennen läßt,
zu vorsichtig kundzugeben; als wichtigstes Lösungsmittel der
sozialen Frage empfiehlt er die „christliche Predigt."²)
   In demselben Jahre erscheint das stark feuilletonistisch
angehauchte Werk des Journalisten Meyer, der „Emanzipa=
tionskampf des vierten Standes," worin er das Recht auf
Arbeit durch eine allgemeine Zinsreduktion und durch Groß=
produktion des Staates ermöglichen will.³)
   1879 schlägt Samter vor, der Staat solle Großgrund=
besitzer werden, um so den Mängeln der Privatindustrie ent=
gegenzutreten;⁴) zu gleicher Zeit bekennt sich Barth zu dem
Rechte auf Arbeit,⁵) während der Amerikaner George die
Lösung der sozialen Frage in einer Einziehung der Grund=
rente von seiten des Staates gefunden zu haben glaubt.⁶)

---

¹) Lindner a. a. O. S. 317 f.
²) Reischl, Arbeiterfrage und Sozialismus. München 1874, S. 206 f.
³) Meyer, a. a. O. S. 384 ff.
⁴) Samter, Das Eigentum in seiner sozialen Bedeutung. Jena 1879, S. 453 ff.
⁵) Barth, Der sozialistische Zukunftsstaat. Berlin 1879.
⁶) George, Fortschritt und Armut. Uebers. Berlin 1881, S. 230 ff.

Vom christlich=sozialen Standpunkt tritt Hitze für ein gemäßigtes Recht auf Arbeit ein. Jeder Mensch, erklärt er, hat ein Recht darauf, daß ihm Arbeit gegeben werde, um seinen Unterhalt verdienen zu können.[1]) Aber statt des Staatssozialismus will er einen „ständischen Sozialismus," eine „einheitliche Ordnung des Wirtschafts= und Gesellschafts=lebens"[2]) durch Gliederung in „nationale Berufsgenossen=schaften."[3]) Kurz, eine Wiederaufwärmung der Zünfte, eine wirtschaftlich=soziale Reaktion, gestützt auf eine religiöse Reaktion.[4])

Neben Putlitz, der sich bei seiner Besprechung der Proudhon'schen Ideen[5]) auf den Standpunkt des Rechtes auf Arbeit stellt, zieht besonders Stöpel energisch für diese Forderung ins Feld.

Für jeden Arbeiter verlangt er eine ausreichend gelohnte Arbeit, welche sein Verantwortlichkeitsgefühl, seinen notwendigen Stolz nicht schwächt, und ihn befähigt, zu den höchsten bürger=lichen Ehren (etwa Oberlaternenputzkommissionsrat!) aufzu=steigen. Die Armensteuer sei enorm, dagegen würden die Lasten der Verwirklichung aus den Erträgnissen der Arbeit gedeckt werden.[6]) „So kann das Recht auf Arbeit für die Gesell=schaft in keiner Weise beunruhigend sein und dem Staate keine Lasten auflegen."[7])

Zur selben Zeit verbreitet sich vom religiös=ethischen Standpunkt Herr Dr. Ratzinger über diese Fragen. Er verlangt die „Wiedervereinigung des Arbeiters mit den Arbeits=mitteln";[8]) an Stelle des Egoismus soll „die Solidarität, der Geist der Liebe" treten[9]); in dem „System der Teilhaberschaft

---

[1]) Hitze, Kapital und Arbeit und die Reorganisation der Gesell=schaft. Paderborn 1880, S. 147.
[2]) Ebenda S. 440.
[3]) Ebenda S. 448.
[4]) Vergl. ebenda S. 446 f.
[5]) Putlitz, Proudhon, sein Leben und seine positiven Ideen. Ber=lin 1881.
[6]) Stöpel, Die freie Gesellschaft. Chemnitz 1881, S. 282.
[7]) Ebenda S. 285.
[8]) Ratzinger, Die Volkswirtschaft in ihren sittlichen Grundlagen. Freiburg 1881, S. 201.
[9]) Ebenda S. 202.

oder der korporativen Genossenschaft" erblickt er das Bild der Produktion der Zukunft.¹) Es ist möglich, daß die Ergiebigkeit dieses auf Liebe aufgebauten Produktionssystems die Ansprüche, welche Herr Ratzinger an dasselbe stellt, zu erfüllen im stande wäre, denn diese Ansprüche sind sehr bescheidener Art. „Man lehre wieder, verlangt er, die Ehre der Armut und entflamme die Liebe zur freigewählten Armut und Bedürfnislosigkeit." Man erblicke im Reichtum die immanente Gefahr für das sittliche Leben, im äußeren Genusse die höheren Güter, das ewige Ziel zu vergessen."²) Kurz — Klosterphilosophie!

Schellwien sucht die Hilfe auf dem Wege freiwilliger Assoziation, welche darauf beruhen soll, daß jeder Arbeiter den vollen Ertrag seiner Arbeit erhalte, dieser Ertrag besteht „in dem Mehrwert des Produkts, d. h. demjenigen Teil des Produktwertes, der sich nach Abrechnung des darin durch Konsumtion vom Kapitalwert eingegangenen Wertes und des in Rechnung zu stellenden anteiligen Zinses ergiebt."³) Dieser Mehrwert nun soll genau berechnet werden. Die Methode, nach welcher das zu ermöglichen ist, verschweigt Herr Sch.; „der Wert der komplizirten Arbeit wird gesetzlich auf ein bestimmtes Vielfaches der Arbeit festzusetzen sein."⁴)

Märchen, noch so wunderbar, Dichterkünste machen's wahr!

Kurze Zeit darauf führt Stöpel seine schon früher geäußerten Ansichten weiter aus:

„Wenn Eigentum rechtmäßiger Weise allein durch Arbeit erworben werden kann, so ist Schutz des Eigentums seiner Natur nach mittelbarer Schutz der Arbeit, und letzterer das Wesentliche an dem Eigentumsgedanken, Schutz des Eigentums aber ohne Schutz der Arbeit ein Widerspruch in sich selbst. Das Recht der Arbeit, der Bethätigung, wird unbedingt als das ursprüngliche, höhere, überlegene anerkannt werden müssen. Die positive Gesetzgebung hingegen hat das abgeleitete Recht des Eigentums fast überall dem ursprünglichen Rechte, zu leben und durch Arbeit die Bedürfnisse des

---

¹) Ebenda S. 204.
²) Ebenda S. 205.
³) Schellwien, Die Arbeit und ihr Recht. Berlin 1882, S. 243 f.
⁴) Ebenda S. 241 f.

Lebens zu gewinnen, vorangestellt und, anstatt das Eigentum der Arbeit dienstbar zu machen, die Arbeit gezwungen, dem Eigentum Vorspann zu leisten."[1]) „Wer nichts besitzt außer seiner Arbeitskraft, muß notgedrungen bei den Besitzern um Arbeit werben, und wenn sie es nicht in ihrem Interesse finden, ihn zu beschäftigen, so verliert er einfach das Recht zu leben, das Recht auf Existenz."[2])

Auch bei Stöpel herrscht, wie bei fast allen Verteidigern dieser Forderung, eine große Unklarheit über die Unterscheidung der Rechte auf Arbeit und auf Existenz; seine Ausführungen treffen in Wahrheit meist nur das letztere.

Um diese Zeit wurde das Recht auf Arbeit, welches bis dahin nur in den Kreisen der Arbeiter und allenfalls der Gelehrten eine Wohnstätte gefunden hatte, salon- und hoffähig. Der Reichskanzler Fürst Bismarck verkündete am 9. Mai 1884 im deutschen Reichstage, daß er das Recht auf Arbeit voll und ganz anerkenne.

„Ich will mich nun, sprach er gelegentlich einer Rede über das Sozialistengesetz, dahin resumiren. Geben Sie dem Arbeiter das Recht auf Arbeit, solange er gesund ist, geben Sie ihm Arbeit, solange er gesund ist, sichern Sie ihm Pflege, wenn er krank ist, sichern Sie ihm Versorgung, w.nn er alt ist — wenn Sie das thun und nicht über Staatssozialismus schreien, sobald jemand das Wort „Altersversorgung" ausspricht, wenn der Staat etwas mehr christliche Fürsorge für den Arbeiter zeigt, dann glaube ich, daß die Herren vom Wydener Programm ihre Lockpfeife vergebens blasen werden, daß der Zulauf zu ihnen sich sehr vermindern wird, sobald die Arbeiter sehen, daß es der Regierung und den gesetzgebenden Körperschaften mit der Sorge für ihr Wohl ernst ist."

Hierauf erwiderte der Abgeordnete Richter:

„Der Herr Reichskanzler hat heute offen das Recht auf Arbeit proklamirt. Der Herr Abg. von Minnigerode

---

[1]) Stöpel, Soziale Reform III. Das Recht auf Arbeit. Leipzig 1884, S. 7 f.
[2]) Ebenda S. 8.

hat gestern von der Junischlacht der Sozialisten gesprochen, welche im Jahre 1848 in den Straßen von Paris ausgekämpft wurde. Nun, meine Herren, zu dieser Junischlacht hat gerade die Forderung der Anerkennung des Rechtes auf Arbeit Veranlassung gegeben, das ist historisch bekannt. Dieser Kampf um das Recht auf Arbeit hat die Straßen von Paris mit Blut überschwemmt und auf lange Zeit hinaus Frankreich auf das tiefste erschüttert. Während Herr von Minnigerode die Kämpfer jener Schlacht als verabscheuungswürdig hinstellt, ist es der Herr Reichskanzler, der diese Kämpfer freispricht, indem er das, wofür sie gekämpft haben, heute als sein Ziel in der Sozialpolitik hinstellt, das Recht auf Arbeit. Was heißt denn das, Recht auf Arbeit? Das heißt: jedermann, der im stande ist zu arbeiten, ist der Staat verpflichtet, auch eine lohnende Arbeit zuzuweisen. Wenn der Staat die Verpflichtung übernimmt, so muß der Staat auch in der Lage sein, große Unternehmungen zu organisiren, so muß der Staat als Unternehmer in Konkurrenz treten mit den Privaten. Das Recht auf Arbeit ist die Organisation der Produktion und des wirtschaftlichen Lebens durch den Staat. Das Recht auf Arbeit ist konsequent durchgeführt der sozialistische Staat. Dann besteht allerdings kaum ein Unterschied mehr zwischen den Anschauungen des Herrn Reichskanzlers und der Sozialisten, als daß jener die Monarchie für die Leitung des Staates erhalten will, und daß jene dem Staat die republikanische Form geben wollen. Der Herr Reichskanzler erweckt durch solche hier fast beiläufig gemachten Bemerkungen Vorstellungen und Ansprüche in den arbeitenden Klassen, die eine Tragweite haben, kaum zu übersehen."

Auf diese Ausführungen erwiderte Bismarck:

„Ja, ich erkenne ein Recht auf Arbeit unbedingt an und stehe dafür ein, solange ich auf diesem Platze sein werde. Ich befinde mich dabei nicht auf dem Boden des Sozialismus, der erst mit dem Ministerium Bismarck seinen Anfang genommen haben soll, sondern auf dem Boden des preußischen Landrechts." Fürst Bismarck verliest hierauf Buch II, Titel 19 § 1 & 2 des Pr. Landrechts;[1]) nach Verlesung des

---

[1]) Vergl. S. 20 unserer Schrift.

§ 1 ertönt links der Zwischenruf „Armenpflege!" „Nun, meine Herren, fährt Bismarck darauf fort, wo ist denn Ihr unartikulirter, höhnischer Zuruf, den Sie vorhin machten? Ist nicht das Recht auf Arbeit zur Zeit der Publikation des Landrechts offen proklamirt? Ist es nicht in unseren ganzen sittlichen Verhältnissen begründet, daß der Mann, der vor seine Mitbürger tritt und sagt: ich bin gesund, arbeitsluftig und finde keine Arbeit! — berechtigt ist, zu sagen: gebt mir Arbeit! und daß der Staat verpflichtet ist, ihm Arbeit zu geben!? Der Herr Vorredner hat gesagt, der Staat würde große Unterenhmungen machen müssen. Ja, das hat er schon gethan in den Zeiten der Not wie 1848, wo in Folge des Ueberschäumens der fortschrittlichen Bewegung die Arbeitslosigkeit und der Geldmangel groß waren. Wer erinnert sich nicht noch der Rehberger mit ihrer roten Hahnenfeder und ihren langen Stiefeln? Da hat der Staat es für seine Pflicht gehalten, diesen Leuten — es waren zum großen Teil Pummler, aber auch ehrliche Leute darunter, die in der That nicht wußten, wovon sie leben sollten — Arbeit zu verschaffen. Wenn ähnliche Umstände eintreten, so glaube ich, ist der Staat auch heute noch verpflichtet, und der Staat hat so weitreichende Aufgaben, daß er dieser seiner Verpflichtung, arbeitslosen Bürgern, die Arbeit nicht finden können, solche zu verschaffen, wohl nachkommen kann. Er läßt Aufgaben ausführen, die sonst aus finanziellen Bedenklichkeiten vielleicht nicht ausgeführt werden würden; ich will sagen, große Kanalbauten, oder was dem analog ist. Es giebt ja eine Menge außerordentlich nützlicher Einrichtungen anderer Art."

Im Laufe der Sitzung kommt Bismarck noch einmal auf diesen Punkt zurück. „Das Recht auf Arbeit erwähnte ich schon, dazu bekenne ich mich ganz ehrlich auch selbst in einer erweiterten Auslegung der Bestimmungen, unter denen wir Preußen seit längerer Zeit gelebt haben, und die die Fürsorge unserer Könige für die arbeitende Klasse auch schon aus dem vorigen Jahrhundert dokumentiren, ein Interesse, welches unser jetzt in Preußen regierender Herr geerbt hat, und nicht nur er, sondern auch sein Nachfolger jederzeit behalten wird. Friedrich der Große sagte: Je veux être roi des gueux.

Es ist in seinem scherzhaften französischen Sarkasmus der Ausdruck für denselben Gedanken, den der jetzige Herr damit ausspricht, daß er sich als den Schützer der wirtschaftlich Schwachen betrachtet und für sie zu sorgen entschlossen ist."¹)

In der Sitzung vom 10. Mai erklärte darauf der sozialistische Abg. Geiser, seine Fraktion werde einen Antrag einbringen, welcher dahin geht, das Haus wolle beschließen, den Herrn Reichskanzler aufzufordern, er möge dem Reichstag unverzüglich einen Gesetzentwurf vorlegen, durch welchen das in der Reichstagssitzung vom 9. Mai von ihm proklamirte Recht auf Arbeit zur Verwirklichung gelange.

Hierauf bemerkte Windhorst: „Ich kann die gestrigen Aeußerungen des Herrn Reichskanzlers ja nicht vollständig übersehen. Ich weiß nicht, wie sich der verehrte Herr die Dinge gedacht hat; aber ich mache doch den Herrn Vorredner darauf aufmerksam, daß der Herr Reichskanzler seine Anschauungen aus dem preußischen Landrecht schöpfte, und daß wohl nur in dem Sinne, wie dort die Sache aufgefaßt wird, der Herr Reichskanzler ein Recht auf Arbeit angenommen hat. Das ist aber ein ganz anderes Recht, als es der Herr Vorredner sich denkt; das ist ein Recht auf Unterstützung (Zuruf links: Arbeitshaus!) — auf Arbeitshaus, wie der Herr Abg. Richter es gesagt hat; aber nicht ein Anrecht auf Arbeit, wie es z. B. Louis Blanc in Bewegung gesetzt hatte, auf welches er seine Arbeiterwerkstätten begründete, die sehr bald nach der Revolution ein klägliches Ende fanden. Ein solches Recht, wie es der Herr Louis Blanc entwickelt hat, existirt nicht."²)

In der Sitzung vom 12. Mai kommt der Abg. Bamberger noch einmal auf diesen Gegenstand zurück.

„Wenn man von dem Rechte auf Arbeit spricht, erklärt er, dann meint man die Organisation der Gesellschaft auf sozialistischen Prinzipien, und wenn ein Mann wie der Herr Reichskanzler ein solches Wort ausspricht dann soll man an diesem Wort, das beinahe auch ein königliches Wort ist, ebenfalls nicht deuteln und rütteln wollen, dann soll man lieber sagen: es ist angesichts der Verantwortung gegenüber der

---

¹) Sten. Bericht über die Verh. des Reichstages vom 9. Mai 1884.
²) St. Ber. vom 10. Mai 1884.

bürgerlichen Gesellschaft ein höchst bedenkliches Ding, ein solches Wort auszusprechen." [1]

Diese gleichsam offizielle Anerkennung des Rechtes auf Arbeit rief eine Menge Schriften über dasselbe hervor, von denen es den meisten nicht zu ihrem Schaden gereicht hätte, wenn sie nicht geschrieben worden wären.

Noch in demselben Jahre verbreitet sich Prof. Hoppe in sehr gewundenen Ausdrücken über diese Frage. [2]) Er drückt sich etwas ängstlich an dem klaren Aussprechen des Rechtes auf Arbeit vorbei und will den Staat zu einer Familiengemeinschaft machen, ohne jedoch dem neugierigen Leser zu verraten, wie die Konstituirung dieser Staatsfamilie vor sich gehen soll.

Hahn [3]) befindet sich in völliger Unkenntnis darüber, was besagtes Recht überhaupt bedeutet [4]), und nicht viel besser ergeht es Dr. Ofner, der sich in einem kürzeren Vortrage mit einigen allgemeinen Redensarten um diese Frage herumwindet. [5])

Dr. Wiede macht den Vorschlag, die gesamte Produktion, die Menschen und, was sich noch zu diesem Zwecke eignet oder nicht eignet, zu verstaatlichen, [6]) während Prof. Witte die Ermöglichung des Rechtes auf Arbeit auf dem Wege einer Maschinensteuer sucht. [7])

Im folgenden Jahre wendet sich Neurath in längeren Ergüssen gegen das Ausbeutungssystem der freien Konkurrenz, ohne zu positiven Resultaten zu gelangen. [8])

Drei Jahre hindurch herrscht dann eine wohlthätige Brache auf diesem viel beackerten Felde, bis das Jahr 1889 eine neue

---

[1]) St. Ber. vom 12. Mai 1884.
[2]) Hoppe, Das Recht auf Arbeit und die leitende Genossenschaft. Berlin 1884.
[3]) Hahn, Das Recht auf Arbeit. Stuttgart 1885.
[4]) Vergl. ebenda S. 1 f.
[5]) Ofner a. a. O.
[6]) Wiede, Ueber das Recht auf Arbeit und unsere gesellschaftlichen Verhältnisse im Allgemeinen. Berlin 1885.
[7]) Witte, Das Recht auf Arbeit und seine Verwirklichung. Minden 1885.
[8]) Neurath, Das Recht auf Arbeit und das Sittliche in der Volkswirtschaft. Wien 1886.

Frucht zur Reife brachte, das oft von uns erwähnte „Recht auf Arbeit" von Haun. Sein Versuch einer geschichtlichen Darstellung dieser Frage strotzt von Irrtümern und Unklarheiten, Verwechslungen und Entstellungen; seine „Begründung" dieses Rechtes ist eine nicht übermäßig geschickte Kompilation längst vermoderter Anschauungen.

Von dieser ganzen neueren Literatur über das Recht auf Arbeit kann selbst der wohlwollendste Kritiker nichts anderes sagen, als.:

In bunten Bildern wenig Klarheit,
Viel Irrtum und ein Fünkchen Wahrheit!

Nachdem wir so die geschichtliche Entwicklung des Rechtes auf Arbeit kennen gelernt haben, werden wir in folgendem diese Forderung einer kritischen Untersuchung unterziehen.

Kritische Untersuchung des Rechtes auf Arbeit.

a. Billigkeit eines Rechtes auf Arbeit.

Das Recht auf Arbeit wird als eine Ergänzung der heutigen, angeblich unvollkommenen Rechtsordnung verlangt. Wenn wir das Recht, um die am meisten anerkannte Definition zu gebrauchen, als „die Sicherung der Lebensbedingungen der Gesellschaft" ansehen,[1]) so handelt es sich darum, ob dieses Bestehen der Gesellschaft die Anerkennung des Rechtes auf Arbeit erfordert. Nun muß zugegeben werden, daß ein stetig wachsendes hungerndes Proletariat den Bestand der Gesellschaft zu gefährden vermag, deshalb ergiebt diese Definition eine Anerkennung des Rechtes auf Existenz, keineswegs aber ein Recht auf Arbeit, denn beschäftigungslose Arbeiter sind, solange ihnen nur die Existenz gesichert war, noch niemals dem Bestehen des Staates gefährlich geworden. Die heutige Rechtsordnung bietet also einem Rechte auf Arbeit keinen Raum.

Im folgendem werden wir nun die verschiedenen Begründungen zu prüfen haben, mit denen man ein Recht auf Arbeit zu verteidigen gesucht hat.

Victor Considérant sucht dasselbe auf folgende Weise zu rechtfertigen:

---

[1]) Jhering, Zweck im Recht. Leipzig 1877—83, I S. 434.

„Alle Menschen haben gleiche Ansprüche auf die Benutzung des Bodens. Durch die Einführung des Eigentums kam jedoch der Boden aller civilisirten Länder in die Hände eines Teils seiner Bewohner, und täglich werden auf demselben Menschen geboren, welche von der Benutzung dieses gemeinsamen Gutes gänzlich ausgeschlossen sind. Ursprünglich war der Boden nicht angeeignet; jedermann hatte das Recht der Jagd, des Fischfangs, der Weide und des Einsammelns von Früchten. Ein solcher Zustand entspricht jedoch keineswegs unserer Bestimmung. Wir bedürfen vielmehr des Eigentums, welches jedoch nur dann gerecht ist, wenn es sich auf die Produkte unserer Arbeit beschränkt. Unsere Arbeitsprodukte sind teils bewegliche, teils unbewegliche Güter, wovon die ersteren sowohl Genußmittel als Werkmittel, die letzteren die den Wert der Grundstücke erhöhenden Bauten und Meliorationen umfassen. Beiderlei Arbeitsprodukte bilden das geschaffene, die ihm zu Grunde liegenden natürlichen Güter hingegen das natürliche Kapital. Das erstere gehört demjenigen, der es hervorgebracht; das letztere gehört allen Menschen und kann ihnen nur gegen Einräumung eines gleichwertigen Rechtes entzogen werden. Erfahrungsmäßig giebt es nur ein einziges solches Recht, nämlich das auf Arbeit, und zwar gegen einen Lohn, wofür sich der Arbeitende einen mindestens ebenso vollständigen Unterhalt verschaffen kann, als ihn der Wilde auf dem nicht angeeigneten Boden findet. Dieses Recht muß jede bürgerliche Gesellschaft, in welcher der Boden angeeignet ist, allen ihren Mitgliedern einräumen; denn ohne dasselbe ist das Institut des Eigentums ungerecht, weil es einen Teil der Menschen seines ursprünglichen Rechtes auf Benutzung des Bodens beraubt, und der beraubte Teil ist in keiner Weise verpflichtet, dasselbe anzuerkennen. Die gleiche Verteilung des Bodens unter alle Staatsangehörigen kann das Recht auf Arbeit nicht ersetzen, weil sie die gemeinschaftliche Benutzung des Bodens ausschließt."[1])

Die Mängel in dieser Schlußfolgerung sind leicht aufzudecken. Es ist einmal unmöglich, die Verbesserungen des

---

[1]) Vergl. Considérant, Théorie du droit de propriété et du droit au travail. Paris 1839. Garnier a. a. O. p. 368 f. und Thornton a. a. O. S. 99 ff.

Bodens von demselben zu trennen; dann aber würden aller
Voraussicht nach diese Verbesserungen niemals gemacht worden
sein, wenn der Boden nicht den einzelnen als Eigentum zu=
erkannt worden wäre. Durch diese Verbesserungen ist der
Bearbeiter des Bodens mit Recht Eigentümer desselben geworden;
es kann also von ihm keine Entschädigung in Gestalt der
Bewilligung eines Rechtes auf Arbeit verlangt werden. Dennoch
kann nicht geleugnet werden, daß diejenigen, welche ihren Unter=
halt nicht finden können, nicht ganz mit Unrecht die Verteilung
des Grund und Bodens als Ursache dieses Mangels anklagen,
sodaß aus den Ausführungen Considérant's wohl ein Recht
auf Existenz, wenn auch keins auf Arbeit, abzuleiten ist. Ob
übrigens die Arbeiter geneigt wären, ihre civilisirte Existenz
mit jener Lebensweise zu vertauschen, die der Wilde auf dem
nicht angeeigneten Boden findet, erscheint mindestens zweifel=
haft.

Eine andere Begründung versucht Mundt zu geben.

„Wenn jeder Mensch die eigentliche und höchste Bestim=
mung seines Daseins durch die Arbeit zu erfüllen hat, so muß
die Arbeit auch dergestalt für alle eingerichtet werden können,
daß jeder Mensch dadurch der wahrhaften Bestimmung seines
Daseins teilhaftig werden und sie genießen kann, und dies ist
die Organisation der Arbeit, welche zu finden die größte Auf=
gabe aller sozialen Philosophie sein muß." [1])

Wäre es in der That möglich, jedem Menschen eine Arbeit
zu garantiren, welche ihn in stand setzt, die Bestimmung
seines Daseins zu erfüllen, so würde in der That ein Recht
auf Arbeit vieles für sich haben. Dies ist aber unmöglich.
Die Gesellschaft ist nicht im stande, dem Dichter die Bestellung
auf ein Epos, dem Gelehrten auf eine wissenschaftliche Arbeit
zu überweisen. Der Dichter, der Gelehrte, der Musiker, kurz
alle Individuen könnten nur mit der gleichen einfachsten Tage=
löhnerarbeit versorgt werden. Da nun solche Arbeit sicherlich
nicht geeignet ist, jedem Menschen „die Erfüllung der eigent=
lichsten und höchsten Bestimmung seines Daseins" zu ermög=
lichen, so zerfällt damit die ganze Schlußfolgerung in sich.

---

[1]) Mundt a. a. O. S. 231.

Angenommen aber, die Gesellschaft könnte das Unmögliche möglich machen und jeden Menschen mit einer seinen Neigungen entsprechenden Arbeit versorgen, so würde jedenfalls der moralische Wert dieser Arbeit sehr darunter leiden. Ein Mensch, der täglich sein Quantum Arbeit von einer vorsorglichen Regierung vorgesetzt erhält, wird niemals einen Begriff von der Würde jener Arbeit bekommen, für die er mit Einsetzung aller Kräfte seinen Platz in dem Kampfe der Interessen errungen hat. „Nur der verdient die Freiheit und das Leben, der täglich sie erobern muß."

Eine weitere Begründung finden wir bei Stöpel.

„Jeder hat das Recht, Eigentum zu erwerben. Wodurch kann man nun rechtmäßiger Weise allein Eigentum erwerben? Durch Arbeit! Daher ist ein Schutz des Eigentums ohne Schutz der Arbeit ein bloßer Torso, ein Bauwerk, dem die Vollendung fehlt. Bei stockender Produktion ist der Arbeiter aber seiner einzigen Erwerbsquelle beraubt, und seine Produktionskraft dem Verderben, er selbst dem Hungertode preisgegeben. Daher fordert die Gerechtigkeit, daß dem Arbeiter seine einzige Erwerbsquelle garantirt werde, und zwar nicht aus Gnade und Erbarmen, sondern als ein allezeit gültiges, unverbrüchliches Recht."[1])

Der logische Fehler in dieser Schlußfolgerung liegt auf der Hand. Aus dem Recht, Eigentum zu erwerben, kann, um auf diesen kaum ernsthaft zu nehmenden Beweis einzugehen, nur das Recht zu arbeiten, d. h. die Gewerbefreiheit, abgeleitet werden; der kühne Sprung auf das Recht auf Arbeit ist ebenso willkürlich wie unberechtigt. Die zweite Hälfte der Beweisführung hat mit dem Rechte auf Arbeit ebenso wenig zu thun, sie spricht nur für ein Recht auf Existenz. Wenn daher Stöpel das Resultat seiner Betrachtungen in die Worte zusammenfaßt, „das Recht auf Arbeit beruht auf der Erkenntnis und dem Zugeständnis, daß der gesellschaftliche Schutz des Eigentums den Schutz der Arbeitskraft in sich einschließen muß,"[2]) so muß dieser Satz als ebenso unzusammenhängend wie unlogisch bezeichnet werden.

---

[1]) Stöpel, Fr. Ges. S. 254 ff.
[2]) Ebenda S. 280.

Verschiedene Beweisversuche, die zum Teil kaum ernsthaft zu nehmen sind, finden wir in dem neuesten Machwerk über das Recht auf Arbeit.

Der erste lautet folgendermaßen:

„Die Wissenschaft gesteht dem arbeitenden Menschen den Arbeitslohn in der Theorie allgemein zu. Doch ohne Arbeit kein Arbeitslohn; darum hat der arbeitslustige, arbeitskräftige und arbeitsbedürftige, auf die Arbeit als seine einzige Unterhaltsquelle angewiesene Mensch ein Recht auf Arbeit — das Recht auf Arbeit."[1]

Die kindliche Unvernunft dieses Satzes liegt so klar zu Tage, daß es überflüssig ist, ein Wort darüber zu verlieren.

Ein zweiter Beweis hat folgenden Gedankengang:

„Der Mensch muß arbeiten, zur Arbeit des Menschen gehört aber Willensfreiheit und Willenseinheit, d. h. der Mensch hat gegenüber der wirtschaftlich zu unterwerfenden Außenwelt den Fortschrittstrieb freiheitlichen und den Ordnungstrieb einheitlichen Schaffens. Der Freiheitstrieb, der darin besteht, die Außenwelt sich immer weiter zu unterwerfen, wird aber gesichert durch den Ordnungstrieb der Einheit, d. h. wenn der Mensch ohne Ordnung des Planes, ohne Berechnung, ohne Einsicht und Vorsicht, ohne Fürsorge für dauernde Befriedigung wirtschaftlich sich bethätigte, wenn der Ordnungstrieb nicht den Schatzmeister spielte, dann wären seine Erfolge gering, ohne Nachhaltigkeit." Bis hierher wird niemand etwas gegen die Beweisführung einzuwenden haben; es sind Sätze, die schon vor Jahrhunderten für richtig galten. Jetzt aber kommt das Taschenspielerkunststück. „Der Ordnungstrieb, in der Gegenwart zu sehr in den Hintergrund gedrängt, sucht nach einer neuen Erscheinungs- und Geltungsform in dem — Recht auf Arbeit."[2] Da nun der Verfasser selber unter Ordnungstrieb „Ordnung des Planes, Berechnung, Einsicht und Vorsicht, Fürsorge für dauernde Befriedigung" verstanden haben will, und es ferner klar ist, daß gerade diese Eigenschaften bei einer staatlichen Garantie der Beschäftigung notwendig schwächer

---

[1] Haun a. a. O. S. 3.
[2] Ebenda S. 56 ff.

werden oder gar verschwinden müssen, da sie dann eben überflüssig werden, so liegt die Falschheit der Schlußfolgerung auf der Hand.

An anderer Stelle sagt er: „Es ist Sorge zu tragen, daß die eigene Spannkraft des Einzelnen nicht gelähmt oder gebrochen werde, daß vielmehr überall Nötigung zu eigener Umsicht und Vorsicht bestehe, daß Selbstbestimmung und Selbsthilfe, wenn nicht das einzige, so doch das oberste Prinzip bleibe." Jeder wird nach diesen Worten glauben, der Verfasser sei jetzt prinzipieller Gegner des Rechtes auf Arbeit geworden; doch keineswegs, es kommt der schon vorher konstatirte verwegene Schlußsprung. „Die Beihilfe, welche oft bei den natürlichen und sittlichen Schwächen der Menschen geboten ist, soll vor allem eine Anregung zur Selbsthilfe werden."[1]) Die Falschheit des Schlusses von der Beihilfe auf die Selbsthilfe ist zu offenbar, als daß man sie hervorzuheben brauchte.

Haun macht dann noch einen letzten Versuch, das Recht auf Arbeit zu begründen.

Satz I. „Jedem das Seine."

Satz II. „Was aber jeder als das Seine, als das ihm zukommende beanspruchen kann, ist nicht blos das, was er selbst schafft, sondern auch dasjenige, was er von anderen einzelnen oder durch die Gemeinschaft als Bedingungen seines Lebens und seiner Entwickelung erhalten muß. Das, was jedem zukommt, begreift daher auch das, was bei einem jeden als Ergänzung seines Wesens, seiner Anlagen, seiner Thätigkeit hinzukommen muß, also das ihm mangelnde, was durch die Thätigkeit oder die Mitwirkung anderer oder der Gesamtheit zu beschaffen ist." Das bisher Gesagte hat Haun aus der Rechtsphilosophie von Ahrens entlehnt.[2]) Ahrens versteht unter jener Ergänzung der Anlagen und der Thätigkeit des Individuums, welche diesem die Gesamtheit schuldet, Erziehung und Bildung; Haun aber fährt folgendermaßen fort:

Satz III. „Dem zur Arbeit geschaffenen, auf die Arbeit allein angewiesenen, der Arbeit würdigen und der Arbeit bedürftigen Subjekt kommt also Arbeit zu durch Schaffung von

---

[1]) Ebenda S. 62 f.
[2]) Vergl. Ahrens a. a. O. S. 259 f.

Arbeitsgelegenheit irgend welcher Art — es hat ein Recht auf Arbeit."¹)

Wie ein denkender Mensch „die Arbeit" als „Ergänzung der Thätigkeit" des Menschen hinstellen kann, erscheint geradezu unbegreiflich. Haun hat aber offenbar den Sinn der Ausführungen jenes Rechtsphilosophen garnicht verstanden. Die Ansicht desselben über den fraglichen Punkt ist in folgenden Sätzen klar ausgedrückt:

„Der höchste und letzte Zweck des Staates besteht in der Vollendung der Einzelpersönlichkeit und des gemeinschaftlichen Lebens. Aber diese Vollendung soll von den Staatsgenossen erstrebt werden, insofern sie Menschen sind und in menschlich-sittlicher Freiheit. Der Staat soll diese Entwicklung nur ermöglichen, aber die Verwirklichung dieses Zweckes der Freiheit der Wahl, dem Gewissen eines Jeden überlassen. Er beschafft z. B. die Bedingungen, damit Handel und Gewerbe in der Gesellschaft sich entwickeln und blühen können, aber er überläßt es den einzelnen, wie sie die allgemeinen Bedingungen und Förderungsmittel für irgend einen Arbeitszweig benutzen wollen."²)

An anderer Stelle verwirft Ahrens ausdrücklich die Forderung des Rechtes auf Arbeit,³) denn gerade dieser Schriftsteller ist der Ansicht, daß die Bestimmung des Menschen allein in der Vollendung der freien Persönlichkeit zu suchen sei.⁴)

Wir haben also ersehen, daß sich nach der heutigen Rechtsanschauung auch nicht der geringste Grund für die Gewährung eines Rechtes auf Arbeit beibringen läßt; aber, dies darf nicht übersehen werden, es giebt kein objektives, allezeit giltiges Recht, sondern nur ein subjektives Recht der Gegenwart. In diesem Sinne spricht Jhering von der gesellschaftlichen Bestimmung des Rechtes und betont, daß dasselbe nach Maßgabe der gesellschaftlichen Zweckmäßigkeit zu gestalten sei, und daß Recht und Zweckmäßigkeit, richtig verstanden, identisch seien.⁵)

---

¹) Haun a. a. O. S. 74 f.
²) Ahrens a. a. O. S. 33.
³) Vergl. ebenda S. 413 f.
⁴) Ebenda S. 192.
⁵) Jhering a. a. O. S. 517.

Wir werden deshalb die vorliegende Frage zunächst vom Standpunkt der Zweckmäßigkeit aus zu prüfen haben und dann die Möglichkeit der Durchführung des fraglichen Rechtes in Betracht ziehen müssen. Denn „wenn auch die Wissenschaft dankbar ist für jede sichere Wahrheit, wie diese auch gewonnen sein mag — sich erwähren, standhalten vor der erfahrungsmäßigen Wirklichkeit muß jedes durch Abstraktion und Deduktion gewonnene Urteil über Sein oder Nichtsein von Thatsachen. Im anderen Falle muß auch der schärfste Denker sein wichtigstes Prinzip die Segel streichen lassen und nur der Aufklärung seiner Irrung nachsinnen."[1])

b. Zweckmäßigkeit eines Rechtes auf Arbeit.

Die Gewährung eines Rechtes auf Arbeit und zwar auf angemessen bezahlte, wie es die Sozialisten fordern, erscheint unzweckmäßig und gefährlich, weil ein solches Recht in allen Fällen einen sicheren Rückhalt für die Arbeiter böte. Die Menge der Strikes würde kein Ende mehr nehmen, der Trotz gegen die Arbeitgeber sich bis aufs äußerste steigern; vor allem aber würde dieser Rückhalt zu fortwährenden Bemühungen, die Löhne über die naturgemäße Grenze hinaus zu schrauben, benützt werden, denn jetzt könnte der so versorgte Arbeiter einen Strike ja weit länger aushalten, als der Kapitalist.

Viel wesentlicher aber als diese äußere Wirkung einer Gewährung des fraglichen Rechtes wäre seine Einwirkung auf den Charakter der arbeitenden Klasse.

Ein Recht auf Arbeit würde jegliches Verantwortlichkeitsgefühl der Arbeiter völlig vernichten und die freie Entwicklung ihrer Fähigkeiten, ihrer Anlagen hindern. Zuviel Erziehung, zuviel Bevormundung tötet nicht allein die Charakteranlagen der Kinder, sondern noch weit mehr die der Völker, welche eben der Selbständigkeit bedürfen. „Wohl ist es richtig, sagt in diesem Sinne Lindwurm, daß der Mensch an die Natur gebunden

---

[1]) Knies, Kredit. Berlin 1879, II S. 43.

ist, daß diese ihm die Grenzen steckt für das Ziel seiner Wirksamkeit und seines Handelns. Innerhalb dieser Grenzen aber ist der Mensch seines Glückes Schmied und seines Handelns Herr, und es ist ihm von den Wirtschaftslehrern ebenso sehr die freie Individualität zuzuerkennen, wie von den Rechtslehrern die Verantwortlichkeit für seine Urheberschaft aufzubürden."[1])

Aber dieser Gedanke, daß eine höhere Macht das, was wir durch eigene Anstrengung erringen sollen, uns jederzeit auf Wunsch darzubieten verpflichtet ist, würde nicht nur jegliche Thatkraft und Energie brechen, er würde vor allem die Menschheit konsequent und mit Sicherheit zur Sorglosigkeit, zum Leichtsinn erziehen. „Durch Schwächung, Lähmung oder Hemmung der Selbstthätigkeit in allen Teilen der Gesellschaft, besonders aber in den unteren Schichten derselben, welche doch immer die Masse bilden, aus denen der ganze Organismus und dessen höhere Schichten ihre Lebenskraft schöpfen, werden, so führt Lilienfeld aus, diesen sowie der Gesamtheit so zu sagen die Lebensadern abgeschnitten."[2])

Diese schlimmen Folgen sind garnicht zu verkennen, wenn wir bedenken, wie sich diese durch ein Recht auf Arbeit hervorgerufene Sorglosigkeit, dieser Leichtsinn geltend machen müssen. Jegliche Voraussicht, die Sorge für das eigene spätere Wohlergehen, für die Existenz von Weib und Kindern fällt fort, da sie alsdann überflüssig wird. Infolgedessen muß aller Sparsamkeitstrieb der unteren Volksklassen erlöschen; und niemand, der den ungeheuren Einfluß des Sparsamkeitstriebes nicht allein auf das Wohlergehen, sondern vor allem auf den Charakter, auf die Ausbildung der Energie, des Thätigkeitstriebes der Arbeiterbevölkerung kennt, wird leugnen, daß das Wegfallen dieses Triebes gleichbedeutend wäre mit der Vernichtung alles sittlichen Wollens und Strebens, d. h. mit einer

---

[1]) Lindwurm, Das Eigentumsrecht und die Menschheits-Idee im Staate. Leipzig 1878, S. 365.
[2]) Vergl. Lilienfeld, Gedanken über die Sozialwissenschaft der Zukunft. Mietau 1873—81, IV S. 202 ff.

völligen Demoralisirung dieser Klassen.[1]) Jeder Grund zu angestrengterer Thätigkeit, zu erhöhtem Fleiße fiele bei den meisten Arbeitern fort, denn weit stärker als die Hoffnung, durch Fleiß seine Lage zu verbessern, wirkt die Furcht, sie durch Unfleiß zu verschlechtern; diese so wohlthätige Furcht aber würde mit der Gewährung eines Rechtes auf Arbeit verschwinden müssen.

Wer die Konkurrenz wegen der Uebel, die sie mit sich bringt, beseitigen will, beseitigt eben mit diesen Uebeln allen Wetteifer, jegliches Vorwärtsstreben, der bringt die Freiheit der individuellen Selbstthätigkeit dem unerträglichsten Despotismus zum Opfer.

Wir sehen also, daß kein einziger Grund für die Gewährung eines solchen Rechtes zu erbringen ist, daß dagegen viele hochwichtige Gründe gebieterisch die Verwerfung desselben erheischen. Das Höchste, was ein Mensch von der Gesellschaft verlangen kann, ist eben die Gewährung eines Existenzminimums im äußersten Notfalle, um ihn vor dem größten Mangel, vor dem Hungertode zu schützen.

Wir haben bis jetzt zu beweisen versucht, daß die Forderung des Rechtes auf Arbeit eine ebenso unbillige wie unzweckmäßige ist, ohne uns darum zu kümmern, ob ein solches Recht überhaupt praktisch zu verwirklichen wäre. Wir werden diese Frage, die der Durchführbarkeit jenes Rechtes, im nächsten Abschnitt zu erörtern haben.

c. Durchführbarkeit eines Rechtes auf Arbeit.

Der Glaube an die Möglichkeit eines Rechtes auf Arbeit hängt eng zusammen mit der Voraussetzung einer unbeschränkten Vermehrbarkeit der Sachgüter. Ein solcher Wahn konnte nur

---

[1]) Als L. Blanc in einer Sitzung des Arbeiterkongresses im Luxembourg (am 20. März 1848) den Plan seiner Organisation der Arbeit auseinandersetzte, wandte der Abgeordnete Wolowsky ein: „Ich fürchte, daß Ihr System die Freiheit zerstört, wie ich sie verstehe, d. h. die Entwicklung jeder individuellen Thätigkeit, und daß es, ich wiederhole dies, durch Schwächung dieser mächtigen Schwungkraft die Masse der Produktion vermindere."
Stein, Die sozialistischen und kommunistischen Bewegungen seit der 3. französischen Revolution. Leipzig 1848, S. 52.

entstehen, wenn man die Arbeit als den einzigen Faktor der Gütererzeugung betrachtete und die Beschränktheit des Bodens einfach übersah, oder demselben eine durch stetig fortschreitende Verbesserungen sich stetig mehrende Produktionskraft zudiktirte.[1]) Es genügt eben nicht, daß jeder Mund zugleich zwei Arme zu dessen Befriedigung mit auf die Welt bringt, diese Arme sind machtlos, wenn der beschränkte Boden ihnen keinen Spielraum mehr bietet.

Einen solchen schwerwiegenden Irrtum enthielt die berühmte Verordnung Napoleons I., der seinem Minister befahl, binnen einem Monat das Elend in Frankreich auszurotten;[2]) es war dies ebenso unausführbar, wie das bekannte Dekret Joseph's I., das Defizit solle aufhören![3])

Derartige Anschauungen sind „um nichts weniger anmaßend und ungereimt als der Befehl, es sollte künftig jeder Halm zwei Aehren statt einer tragen."[4])

Keine noch so gesteigerte Produktion kann auf die Dauer mit einer stetig wachsenden Konsumtion Schritt halten. Die beschränkte Menge des Bodens und dessen beschränkte Produktivität sind die thatsächlichen Grenzen der Produktion. „Die Annahme, daß für die Gegenwart jede Beschränkung der Produktion oder Bevölkerung, welche aus dem Mangel an Boden herrührt, in einer unbestimmten Entfernung liege, und daß noch Menschenalter verfließen würden, bevor eine praktische Notwendigkeit sich ergeben dürfte, das beschränkende Prinzip in ernstliche Erwägung zu ziehen, ist nach Stuart Mill nicht nur ein Irrtum, sondern der ernstlichste Irrtum, der auf dem ganzen Felde der Volkswirtschaft zu finden ist."[5])

„Folgenschwere Irrschlüsse, führt Knies aus, sind unausbleiblich, wenn man garnicht oder ungenügend beachtet, daß jedenfalls das territoriale Besitztum eines Volkes alle seine

---

[1]) Eine bes. von Carey und Bastiat vertretene Anschauung.
[2]) Vergl. S. 47 unserer Schrift.
[3]) Ein Analogon hierzu ist der Vorschlag eines intelligenten Stadtverordneten von H., neben der alten Brücke, die 5000 Mk. Oktroi einbrachte, noch eine zweite zu bauen, um so den Ertrag zu verdoppeln.
[4]) Malthus, Ueber die Bedingungen und Folgen der Volksvermehrung. Uebers. Altona 1807, II S. 74.
[5]) Stuart Mill a. a. O. V S. 183.

Naturgaben wie nach der qualitativen Seite hin differenziert, so insbesondere auch quantitativ begrenzt, nur in beschränktem Umfange, darbietet. Daher ist die Gesamtheit jener bezüglich der individuellen Territorien unweigerlich anzuerkennenden Thatsachen ganz besonders geeignet, über die vollständige Unmöglichkeit einer Erfüllung von Verheißungen aufzuklären, wie sie von vielen sozialistischen Schriftstellern ausgesprochen worden sind. Wenn trotzdem der Glaube sich verbreiten soll, daß in einer zukünftigen Zeit der gleiche Genuß wirtschaftlicher Güter für „alle" Menschen ermöglicht werden könne, so ist man eben genötigt, von ganz unmöglichen Erwartungen entweder bezüglich der Natur oder bezüglich der Arbeit auszugehen."[1]

„Wir Menschen können uns als leibliche Geschöpfe über die Begrenztheit der Sachgüterwelt nicht hinausheben, und es ist ein verhängnisvoller Wahn, daß menschliche Arbeit der einzige Faktor der Güterproduktion sei, diese letztere also auch immerfort mindestens in dem gleichen Maße wachsen könne, in welchem mehr Menschen ins Leben gerufen werden."[2]

Man darf eben nicht das Gesetz von der im Vergleich zur verwendeten Arbeit sich stetig mindernden Produktion übersehen, welches Stuart Mill in folgende Worte kleidet: „Nach einer gewissen und nicht sehr weit vorgerückten Stufe in der Ausbildung der Landwirtschaft, sobald die Menschen sich mit einigem Eifer auf den Landbau legen und irgend erträgliche Werkzeuge dazu in Anwendung bringen, von der Zeit an ist das Gesetz der Bodenproduktion, daß bei einem gegebenen Zustande der landwirtschaftlichen Geschicklichkeit und Kenntnis durch Vermehrung der Arbeit der Ertrag nicht in gleichem Grade zunimmt; Verdoppelung der Arbeit verdoppelt nicht den Ertrag — oder um dasselbe mit anderen Worten auszudrücken, jede Vermehrung des Ertrages wird durch eine mehr als proportionelle Vermehrung der auf den Boden angewendeten Arbeit erlangt.[3]

Nun soll keineswegs geleugnet werden, daß dieses Gesetz Einschränkungen erleiden kann. Jede landwirtschaftliche Ver-

---

[1] Knies, Pol. Oek. S. 63 f.
[2] Ebenda S. 341.
[3] Stuart Mill a. a. O. V S. 184.

besserung und überhaupt jede Vervollkommnung der Produktion, also kurz gesagt, jede Erweiterung der Kenntnisse des Menschen, arbeitet diesem Gesetze von der Verminderung des Ertrages entgegen, aber, dies darf nicht übersehen werden, immer nur temporär; alle diese Verbesserungen haben eine Grenze, und wenn diese durch die Fortschritte des menschlichen Geistes auch noch so weit hinausgeschoben werden kann: das Bestehen der Grenze darf damit nicht geleugnet werden.

Diese Ansicht spricht eine 1884 anonym erschienene Schrift in folgenden Worten aus:

„Die Maschine vermag die Arbeit des Pfluges, der Sense, des Dreschflegels zu vervollkommnen, und die rastlos im Bereich der gegebenen Substanzen analysierende, wie kombinierende Chemie mag den Ersatz der verbrauchten Stoffe des Erdbodens durch mechanische Zufuhr immer neuer künstlicher Dungmittel noch um vieles verbessern: das Wesen der Ackerscholle bleibt, was es war, die Grundgesetze des Keimens und Wachsens des Pflanzen= und Tierreichs und damit die absolute Abhängigkeit des menschlichen Organismus von seinen ihn ernährenden Wurzeln des Erdbodens ändern sich in nichts. Es ist eine leere, kindische Vorstellung, zu erhoffen, daß dermaleinst unser Planet durch Dampfpflüge, Drainröhren oder Ammoniak in einen großen fruchtbaren Paradiesesgarten verwandelt werden wird, darinnen das Menschengeschlecht sich mühelos seines Daseins erfreut."[4]

Es ist nun gesagt worden, mit denselben Mitteln, welche die Armenversorgung der beschäftigungslosen Arbeiter erfordere, könne denselben auch Arbeit gegeben werden; wenn man daher das Recht auf Existenz anerkenne, so sei kein Grund vorhanden, nicht auch das Recht auf Arbeit zu gewähren.[1]

Gegen diese Behauptung sind mehrere Einwände zu machen.

1. Die vorhandene Kapitalmenge ist unzweifelhaft größer als die Menge der vorhandenen Arbeitsgelegenheiten, denn nicht alles Kapital dient den Zwecken der Produktion; die

---

[4] Vergl. Der vierte Stand und der Staatssozialismus. Leipzig 1884.
[1] Vergl. Stöpel, Fr. Ges. S. 262 f. Derselbe, R. a. A. S. 29 f. und Hann a. a. O. S. 97 f. Auch Engländer hält diese beiden Forderungen zu wenig auseinander, vergl. a. a. O. III S. 154.

Unterstützung könnte also offenbar weiter getrieben werden, als die Versorgung mit Arbeit, nämlich bis zur völligen Nivellirung des Besitzes. Dagegen liegt die Grenze der irgendwie verwendbaren Arbeit weit näher, man müßte denn gerade völlig wertlose Thätigkeiten heranziehen, wie das Herausreißen und Wiedereinstampfen von Pflastersteinen. In diesem Falle aber wäre die Arbeit nichts als ein schlecht verdecktes Almosen.

2. Das Existenzminimum, welches den Mittellosen gegen die Benutzung ihrer Arbeitskräfte (soweit dies möglich) gewährt wird, ist bedeutend geringer als der „gerechte" Arbeitslohn, welchen die das Recht auf Arbeit beanspruchenden Arbeiter für ihre Leistungen verlangen. Es ist also falsch zu sagen, die Gewährung dieses Rechtes bürde der Gesellschaft nicht mehr Kosten auf als die Armenversorgung.

3. Der von öffentlicher Unterstützung lebende arbeitsfähige Mensch hat durch die Herabwürdigung, welche in diesem Zustande liegt, einen fortwährenden Antrieb, sich ein Feld seiner Thätigkeit zu suchen, jede nur einigermaßen erträgliche Arbeit zu übernehmen. Ist das Recht auf Arbeit garantirt, so fällt dieser Antrieb fort; die Menge der dem Staate zur Last fallenden wird also nicht die Tendenz der Verminderung, sondern durch die so erzeugte Sorglosigkeit die der stetigen Vermehrung haben. Das Recht auf Arbeit wird also für die Gesellschaft eine beständig wachsende Last sein, was bei der öffentlichen Unterstützung nicht der Fall zu sein braucht, ja, bei zweckmäßiger Durchführung derselben nicht der Fall sein kann.

4. Der wesentlichste Einwand aber ist folgender:

Das Wesen des Rechtes auf Existenz, das eben immer ein Almosen bleibt, gestattet der Gesellschaft, den von ihr unterstützten Individuen gewisse Verpflichtungen aufzuerlegen, vor allem aber diejenige, sich nicht ohne ihren Willen zu vermehren. Das Recht auf Arbeit schließt eine solche Verpflichtung selbstverständlich aus, denn der so beschäftigte Arbeiter soll jedem anderen Mitgliede der Gesellschaft in keiner Weise nachstehen, verlangen die Sozialisten. Die Gewährung des fraglichen Rechtes würde also die Vermehrung einer Menschenmenge, die nicht im stande ist, sich selber zu ernähren, und deshalb der Gesellschaft zur Last fällt, bis ins Unendliche gestatten.

Die Behauptung, daß die Gewährung des Rechtes auf Almosen auch das auf Arbeit ermögliche, ist also, wie wir sehen, falsch.

Mit dem letzten Punkte haben wir die schwächste Seite des Rechtes auf Arbeit berührt. Der außerordentlichen Vermehrungskraft der ärmeren Klassen, die schon die Abstammung des Namens Proletarier (von proles) andeutet, würden durch die Gewährung eines Rechtes auf Arbeit jegliche Schranken genommen werden. So würde gerade die Anerkennung dieses Rechtes seine Durchführung unmöglich machen. Während nun kein logisch denkender Mensch die gänzliche Abhängigkeit dieser Frage von derjenigen der Bevölkerung leugnen wird,[1]) haben gerade die sozialistischen Schriftsteller von jeher über diesen ihnen unbequemen Zusammenhang einen Schleier zu werfen gesucht. Man kann hierzu nur mit Knies sagen: „Mit denjenigen, welche gegenübergestellt einer Lage, in welcher jeder ein ausgiebiges Einkommen hat, sich den Gang der Bevölkerungsbewegung verhüllt halten, ist nicht zu diskutieren."[2])

Nachdem wir so ersehen haben, daß eine von der Natur des Menschen und der des Erdbodens ausgehende Betrachtung ein Recht auf Arbeit für eine Utopie erklären muß, wollen wir in folgendem die Mittel vorführen, welche man zur Verwirklichung des fraglichen Rechtes vorgeschlagen hat.

Dasjenige, welches sich ganz in die heutige Gesellschaftsordnung einfügen will, ist eine Organisation der öffentlichen Arbeiten.[3])

„Die hauptsächlichste Sorge besteht darin, die öffentlichen Arbeiten den Schwankungen der Privatindustrie anzupassen. Solange in der Privatwirtschaft die Nachfrage nach Arbeits=

---

[1]) Le sujet de la charité se présente naturellement à l'examen après celui de la population. On a même cru pouvoir s'autoriser des espérances que le premier suscite pour détruire les craintes qui ressortent du second. Par malheur, la remède qu'on proposait ne pourrait qu'empirer le mal.
Pyinode, Des lois du travail et de la population. Paris 1860, II p. 382.
[2]) Knies, Pol. Oek. S. 63.
[3]) Eingehend hat sich Stöpel (R. a. A. S. 25 ff.) hiermit beschäftigt; wir geben die Quintessenz seiner Ausführungen hier kurz wieder.

kräften so umfangreich ist, daß ziemlich jeder Arbeitsfähige mit Leichtigkeit Erwerb findet, werden die öffentlichen Arbeiten einzuschränken sein, während sie in Zeiten größerer oder geringerer Lähmung der Privatwirtschaft ausgedehnt werden müssen. Oftmals wird diese Thätigkeit mit der Privatindustrie in Konkurrenz treten müssen und durch Lohnerhöhungen Arbeiter für sich zu gewinnen suchen. Die Industrie ist mit Arbeitskräften reichlich versehen, dagegen bietet die Bodenproduktion ein weites Feld; es gilt nur vermittelst weiser Einrichtungen die landwirtschaftliche Produktion durch frische Arbeitsgelegenheit und frische Arbeitskräfte zu befruchten. Noch gilt es große Strecken unbenutzten Landes der Arbeit zugänglich zu machen, Moore und Sümpfe zu entwässern, Wald zu roden und in Ackerland umzuwandeln u. s. w. Die Mittel zur Bestreitung dieser Arbeiten werden durch unverzinsliche, in Staatspapiergeld zu gewährende und in angemessener Frist dem Staate zurückzuerstattende Vorschüsse beschafft werden. Denjenigen, die von diesem Rechte Gebrauch machen, kann unter keinen Umständen die Wahl der Beschäftigung freigestellt werden. Mit dem so gesteigerten Wohlstand wird sich auch die sittliche Entwicklung des Volkes heben. Das Verbrechen, das Laster, die Faulheit und Indolenz werden sich vermindern, und so werden die Ausgaben für Gerichtspflege und Polizei sehr erheblich reduzirt und für bessere Zwecke verwendet werden können."

Dieser Vorschlag, öffentliche Arbeiten in größerem Umfange auszuführen, ist nicht neu, er war das Stichwort in den beiden großen französischen Revolutionen. Die Nützlichkeit, welche solche Arbeiten zuweilen, vielleicht auch oft, haben werden, wird niemand leugnen. Aber soviel Land auch noch kultivirbar ist, einmal wird diese Quelle sich doch erschöpfen; dieses Mittel ist daher sehr vorübergehender Natur. Ist erst alles verwendbare Land kultivirt, so wird der Kreis der öffentlichen Arbeiten naturgemäß ein eng begrenzter sein. Dieser Ausweg ist daher wohl für vorübergehende Arbeitsstockungen nicht nur angemessen, sondern von hoher Bedeutung, keineswegs aber geeignet, ein auf Dauer berechnetes Recht auf Arbeit durchzuführen, wenn man nicht bezüglich der Nützlichkeit jedweder Arbeit und der Reichhaltigkeit der dem Staate zur Verfügung stehenden Mittel von ganz unmöglichen Erwartungen ausgeht. Bei Stöpel nun ist dies der Fall. Es ist eine absurde Vorstellung, daß jemals zuviel nützliche Arbeit verrichtet werden könne, erklärt Herr Stöpel.[1]) Man sollte es nicht für möglich halten, daß ein denkender Mensch einen so unlogischen Satz hinschreiben kann. Wo der logische Fehler steckt, liegt auf der Hand. Nützlich ist jede Arbeit, solange sie verwendbar ist, ohne Nutzen, wenn sie keinen Gebrauch mehr findet, wenn eben zuviel von ihr vorhanden ist; der Ausdruck „zuviel nützliche" Arbeit ist daher eine contradictio in se. So absurd nun auch die Vorstellung ist, daß es jemals „zuviel nützliche" Arbeit gäbe, wie Herr St. richtig bemerkt, so wenig absurd ist es, daran zu denken, daß leicht zuviel Arbeit verrichtet werden kann, die dann eben nicht nützlich wäre.

Ein anderer Satz Stöpel's lautet: „Der Geldmangel wird, natürlich in vernünftigen Schranken, durch unsern Vorschlag (Papiergeld) beseitigt."[2]) Man sieht, es gelüstet Herrn St. nach dem zweifelhaften Ruhme eines neuen John Law. Wenn aber Law II. seine öffentlichen Arbeiten mit dem Sprüchlein verteidigt, daß „es nichts Verkehrteres gebe, als an öffentliche Unternehmungen den Maßstab der Rentabilität zu legen,"[2]) so wirft diese Anschauung ein erhellendes Streiflicht auf seine Definition des Begriffes „nützliche Arbeit."

Das beliebteste Mittel zur Durchführung des Rechtes auf Arbeit, welches mit dem soeben geschilderten einige Familienähnlichkeit aufweist, lautet: „Der Staat soll Großproduzent werden." Sehr eingehend hat sich Wiede[3]) mit diesem Gegenstande beschäftigt; wir wollen daher nach seinen Ausführungen kurz darstellen, wie er sich diese Großproduktion des Staates denkt.

„Alle denkbaren Produktionen eignen sich zum Betriebe des Staates; dieser kann sogar Schifffahrt, Handel, auch Bäckereien, Webereien, Tuchfabriken und überhaupt alle möglichen Unternehmungen in die Hand nehmen. Der Staat

---

[1]) Ebenda S. 30.
[2]) Ebenda S. 37.
[3]) Viel Originalität weisen die Wiede'schen Vorschläge nicht auf, sie sind in der Hauptsache eine Modernisirung der Blanc'schen Pläne.

garantirt, um auf die Löhne der Privaten eine Einwirkung auszuüben, einen Minimallohn. In Fällen, in welchen die Privatunternehmungen nach jeweiliger Lage ihrer Produktion den Minimallohnsatz erwiesenermaßen nicht zu zahlen vermögen, hilft der Staat mit Subventionen aus. Das Geld zu seiner Produktion nimmt er auf dem Wege einer Anleihe von einigen hundert Millionen Mark. Nach der Meinung des Verfassers würde dies System den Unternehmern nicht zum Schaden, wohl aber zum Vorteil gereichen, aus welchen Gründen, verschweigt er jedoch. Sollte aber diese Meinung, so fährt er fort, auf einem Irrtum beruhen, so könnten die Unternehmer in vielen Fällen durch ein weises Schutzzollsystem entschädigt werden. Die Einnahmen würden nach der Meinung des Verfassers so groß sein, daß nicht nur aus den öffentlichen Unternehmungen reichliche Mittel für den Staatshaushalt fließen würden, sondern sogar eine Ermäßigung der Steuern eintreten würde."[1)]

Auch dieses Mittel, den Staat als Produzent auftreten zu lassen, beruht auf dem schon an früherer Stelle widerlegten Irrtum, daß der Staat die Produktionskraft des Bodens beliebig vermehren und jeglicher Arbeitermenge Unterhalt gewähren könne. Die Verfechter dieser Theorie übersehen, daß es nicht in der Macht des Staates liegt, neue Produktionen und die hierzu erforderliche Kosumtion hervorzuzaubern. Jedes Geschäft, das der Staat errichtet, macht naturgemäß ein schon bestehendes privates überflüssig, läßt dieses zu Grunde gehen. Es liegt wohl in der Macht des Staates, Millionen und aber Millionen von Schuhen zu verfertigen, solange der Ledervorrat reicht, aber er ist nicht im stande, den Menschen einen größeren Bedarf an Schuhen vorzuschreiben, als der vorhandene; dazu kommt noch die längst anerkannte Thatsache, wie wenig der Staat sich zum Produzenten eignet, und so muß auch dieses Projekt zur Durchführung des Rechtes auf Arbeit als verfehlt bezeichnet werden. Die Idee einer Lohngarantie von seiten des Staates eines widerlegenden Wortes zu würdigen, hieße derselben eine Bedeutung beilegen, die sie nicht besitzt.

[1)] Wiede a. a. O. S. 20 ff.

Als ein weiteres Mittel hat man die Einziehung der Grundrente von seiten des Staates vorgeschlagen. Am eingehendsten hat sich mit diesem Gegenstande Henry George beschäftigt.¹) „Der Grund und Boden, so führt er aus, ist nur zum geringen Teil Produkt der Arbeit, daher ist jedes Privateigentum an Land eine Ungerechtigkeit, und dieses sollte gerechter Weise aufgehoben werden.²) Da dies aber zuviel Schwierigkeiten machen würde, so soll man, statt das Land zu konfiszieren, nur die Rente appropriieren. Es ist hierzu nicht nötig, daß der Staat alles Land verpachtet, sondern die Rente wird vom Staate eingezogen und zwar durch Besteuerung.³) Alle Steuern außer der Grundrente sollen abgeschafft werden. Wenn der Boden keine Rente bringt, so wird niemand mehr ein größeres Stück in Besitz nehmen, als er mit seiner Familie bewirtschaften kann. Der Zerstückelung soll durch Vereinigung der einzelnen zu Genossenschaften entgegengetreten werden."

Dies ist der Gedankengang von Henry George,⁴) dessen vielfach verworrene Ideen eine merkwürdige Ueberschätzung erfahren haben.

Es ist nicht schwer, die Unrichtigkeit derselben nachzuweisen. Der Irrtum, daß der Boden nur zum geringen Teile Produkt der Arbeit sei, ist schon an anderer Stelle

---

¹) George a. a. O. S. 230—418.
²) Dieser Gedanke ist nichts weniger als neu; schon Spinoza sagt in seiner „Abhandlung über Politik" (erschienen 1677): „Die Aecker und aller Grund und Boden, und wenn es möglich ist auch die Häuser, müssen dem Staate angehören, d. h. demjenigen, der das Recht des Staates besitzt, von welchem sie gegen eine jährliche Abgabe an die Bürger, Städter und Landbewohner, verpachtet werden." Spinoza, Sämmtliche Werke. Ueberf. Stuttgart 1841, IV S. 66.
³) Dies ist schon vor George von Lassalle vorgeschlagen worden; vergl. Roscher, System der Finanzwissenschaft. Stuttgart 1886, S. 335.
⁴) Samter sieht die Lösung in einem ähnlichen Vorschlage. Der Staat soll möglichst viel Grundeigentum in seine Gewalt bekommen, da dieses sich am besten zum gesellschaftlichen Eigentum eignet. Durch die hier betriebene Produktion soll er ein Gegengewicht gegen die Mängel der privaten Industrie bilden. (Vergl. Samter a. a. O. S. 453.)

Hiergegen ist dasselbe geltend zu machen, was gegen die Produktion des Staates überhaupt gesagt wurde.

nachgewiesen worden,¹) und hiermit fällt auch die Ungerechtigkeit des Privateigentumes und die Berechtigung der daraus abgeleiteten Grundrentensteuer fort. Aber auch praktisch würde ein solcher Versuch scheitern müssen. George hat das wohl auch selbst gefühlt, wenn er Maßregeln gegen die Zerstückelung des Bodens empfiehlt, die in der That nicht zu vermeiden wäre. Das von ihm empfohlene Heilmittel, das Zusammentreten zu Genossenschaften, wird niemand als ein Gegengewicht gegen die Mängel der so entstehenden Zwergwirtschaft betrachten. Aber abgesehen hiervon ist es überhaupt unmöglich, die Grundrente von der seit Jahrtausenden auf den Boden verwandten Arbeit abzusondern. Und angenommen, es fände sich ein scharfsinniger Kopf, der diese unmögliche Rechnung doch zu Wege brächte, auch damit würde uns nicht gedient sein. Es ist eine kaum noch bestrittene Thatsache, daß die Grundrente heutzutage nicht weit über Null steht, und diesen geringen Gewinn einziehen, die Landbesitzer also zu Pächtern des Staates machen, hieße der Landwirtschaft ihre Lebenskraft rauben. Vor allem aber würde bei der außerordentlichen Schwierigkeit, den durch Meliorationen herbeigeführten Wertzuwachs von dem durch die Gunst der Konjunktur erzielten zu unterscheiden, niemand es wagen wollen, größere Summen auf Meliorationen zu verwenden.

Andere haben in einer Reform auf dem Gebiete der Zinseinnahmen ein Mittel zur Durchführung des Rechtes auf Arbeit gesucht.²)

Zeigen wir, wie man sich ein derartiges Mittel gedacht hat:

„Der Staat hat die Pflicht, für den Arbeiterstand ein Minimum des Einkommens d. h. des Lohnes zu garantieren.

---

¹) Zuerst hat meines Wissens Locke hierauf hingewiesen; er sagt (allerdings mit starker Uebertreibung): If we will rigtly estimate things as they come to our use, and cast up the several expenses about them, what in them is purely owing to nature, and what to labour, we shall find, that in most of them $99/100$ are wholly to be put on the account of labour. Locke a. a. O. II p. 170.
²) Dieser Vorschlag zeigt eine unverkennbare Familienähnlichkeit mit dem 1848 von Proudhon angeregten Plane, einen unentgeltlichen Kredit zu ermöglichen.

Wenn nur das Einkommen richtig verteilt wird, können wir nicht zuviel Arbeiter haben. Das Mittel zur Erreichung dieser richtigen Verteilung ist die Festsetzung eines Maximums für Zins; dadurch bleibt der Rest für Grundrente und Lohn disponibel. Die Grundrente ist allzu heftigem Steigen deshalb zur Zeit nicht ausgesetzt, weil Landarbeiter mangeln und jährlich höheren Lohn sich erstreiten. Sollte jedoch einmal die Grundrente allgemein eine solche Steigerung erfahren, daß Kapitalisten und Arbeiter in ersichtlichen Nachteil gegenüber den Grundbesitzern kämen, so ist eine Korrektur auf dem Wege der Besteuerung außerordentlich leicht durchführbar. Kann Zins und Grundrente somit nur einen bescheidenen Anteil an dem alljährlichen Plus des Nationaleinkommens haben, so muß naturgemäß ein nicht unbeträchtlicher Teil dieses Plus dem Lohne von selbst zufallen. So soll den Arbeitern steigender Lohn gesichert werden, wodurch natürlich Arbeitslosigkeit verschwinden würde. Dies wünschenswerte Resultat kann fast absolut gesichert werden durch Zuhilfenahme einer anderen volkswirtschaftlichen Maßregel. Unter gewissen Umständen muß der Staat selbst produziren (Staatsforstwesen, Militärbedarf, Bankwesen, Verkehrswesen u. s. w.). Dadurch, daß der Staat diese Produktionsthätigkeit stetig erweitert, entzieht er nach und nach immer mehr Wirtschaftsgebiete der Privatunternehmung. Durch die Höhe seiner Löhne wird nun der Staat auf die von den Privatunternehmern gezahlten einwirken."[1])

Den zweiten Teil dieses Vorschlages, die Großproduktion des Staates, haben wir schon vorher der Kritik unterworfen. Wir haben jetzt die Festsetzung eines Maximums für Zins als Mittel zur Durchführung des Rechtes auf Arbeit zu prüfen. Hier ergiebt sich als erste, kaum zu überwindende Schwierigkeit die Festsetzung eines solchen Maximums. Der Staat kann wohl Dekrete erlassen, daß nicht mehr als eine bestimmte Zinstaxe genommen werde, aber er hat nicht die Mittel zur Durchführung dieser Maßregel, da ihm das Interesse beider Partein, der Geldverleiher sowohl wie das der Geldleiher, gegenübersteht. Jemand der Geld nötig hat, wird eben, wenn er keinen findet,

---

[1]) Meyer a. a. O. S. 384 ff.

der ihm solches zu der festgesetzten Taxe leiht, gern bereit sein, andere Bedingungen einzugehen, und die Gewalt des Staates wäre hier machtlos. Höchstens würde ein solches Dekret zu einer Umgehung des offiziellen Zinsfußes durch Zahlung ver= steckten Zinses führen, was die Maßregel zwecklos machen und dabei entschiedene Nachteile mit sich bringen würde. Sehen wir aber von dieser kaum zu überwindenden Schwierigkeit ab, so ergiebt sich ein zweiter Uebelstand. Eine derartige Maß= regel wäre nur auf internationalem Wege zu treffen, denn würde sie in einem Lande allein durchgeführt, so wäre eine Auswanderung des gesamten Kapitales und damit ein völliger Ruin des Landes die unvermeidliche Folge. Nehmen wir nun an, daß eine internationale Durchführung einer solchen Maßregel zu ermöglichen wäre, ein allerdings sehr verwegener Gedanke, was wäre damit erreicht? Würde wirklich die Summe, die dem Zins entginge, dem Arbeitslohne zufallen?

Bei der Forderung der Zinsbeschränkung ist offenbar an den Zustand gedacht, in welchem (wie heute) der Unternehmer in der Regel vom Kapitalisten getrennt ist. Ist dies nicht der Fall, ist der Kapitalist selbst Produzent, so ist ja die Frage der Zinsbeschränkung ohne irgend welche Wichtigkeit. Im andern Falle, der jetzt wesentlich in Frage kommt, scheint auf den ersten Blick eine durch Beschränkung des Zinses erhöhte Lohneinnahme (die Durchführbarkeit einer solchen Zinsbeschrän= kung vorausgesetzt) nicht zu den Unmöglichkeiten zu gehören. Betrachten wir den sich ergebenden Vorgang näher:

Der Unternehmer erhält das Geld billiger, und der Kapitalist verliert. Wer nötigt nun den Unternehmer, seinen Mehrgewinn den Arbeitern zu überlassen? Das Arbeitsangebot ist dasselbe geblieben, also kein Grund zur Lohnerhöhung vorhanden; diese Handlungsweise aber von den humanen Gefühlen des Unter= nehmers zu erhoffen, wird kaum jemandem einfallen. Der Unter= nehmer wird also naturgemäß den ganzen Gewinn dieser Maß= regel haben. Doch noch weitere Folgen würden sich ergeben. Viele Kapitalien, die bis jetzt zur Produktion verwendet wurden, werden unter den ungünstiger gewordenen Bedingungen zur Konsumtion benutzt werden. Die Produktion wird also ein= geschränkt und die Menge der beschäftigungslosen Arbeiter noch vergrößert werden, was naturgemäß ein Sinken des Lohnes herbeiführen muß. Wem dieser Ausfall des Arbeitslohnes zufällt, ist klar. Eine Zinstaxe ruft schon an sich bei den gegen die Gesetzvorschrift Geld Leihenden das Bestreben hervor, sich für diese Gefahr durch eine Risikoprämie zu entschädigen; diese Tendenz erleidet aber noch eine Verstärkung durch die so erzeugte Konsumtion vieler sonst produktiv angelegten Kapitalien, welche das Kapitalangebot wesentlich verringert, während der Kapitalbedarf den Unternehmer zwingt, auch gegen die Vorschrift des Gesetzes unter jeder Bedingung Geld zu leihen. Die Durchführung eines Rechtes auf Arbeit würde also durch eine gesetzliche Zinstaxe nicht ermöglicht, sondern im Gegenteil noch schwieriger gemacht werden.

Nicht zu übersehen ist auch die durch eine solche Maßregel hervorgerufene Schwächung des Sparsamkeitstriebes. Endlich aber würden viele Kapitalisten, um eine rentablere Verwendung ihrer Kapitalien zu erzielen, selber Unternehmer werden; die Macht des Kapitales würde demgemäß anstatt geschwächt, im Gegenteil noch verstärkt werden. Es würde den Arbeitern also ähnlich gehen, wie den Fröschen in der bekannten Fabel, welche, mit dem unthätigen Holzklotze als König unzufrieden, sich den sie verspeisenden Storch zum Herrscher wählten.

Auch das Mittel der Zinsbeschränkung ergiebt sich also als ein völlig verfehltes.

Von anderer Seite[1]) ist eine Maschinensteuer als Mittel, das Recht auf Arbeit durchzuführen, vorgeschlagen worden.[2])

„Die Maschinenarbeit, so sagt man uns, verdrängt die Arbeit der Menschen, weil diese Steuern zahlen, jene nicht; die unbesteuerten Maschinen können also die Arbeit weit billiger liefern. Die Gerechtigkeit verlangt daher, daß man auch diese besteuere und zwar in zwei verschiedenen Formen: 1) als Transportsteuer, wodurch Schutz der nationalen Arbeit und dadurch Verhinderung der Arbeitslosigkeit einträte; 2) als Kohlensteuer.

---

[1]) Witte a. a. O. S. 18 ff.
[2]) Auch die Pariser Arbeiter schrieben diese Forderung einmal auf ihr Programm; vergl. Leroy-Beaulieu, Le collectivisme: examen critique du nouveau socialisme. Paris 1884, p. 357 f.

Wiebe, dem wir diese Ausführungen entnehmen, geht von der falschen Voraussetzung aus, daß die Einführung von Maschinen einen Teil der Arbeiter brotlos mache.[1]) Wäre diese Ansicht richtig, so wäre die viel gepriesene Erfindung der Dampfkraft in der That, wie schon Robert Peel meinte, „keine Wohlthat für die Menschheit, sondern ihr bitterster Fluch." Das ganze letzte Jahrhundert wäre also nicht als ein Fortschritt, sondern als ein Rückschritt des Menschengeschlechtes zu betrachten. Ist dem wirklich so? „Mais chaque coup de piston de la machine à vapeur répond par un bruit du foudre à l'accusation."[2]) Jene Frage muß verneint werden, wenn anders Thatsachen Beweiskraft haben. Eine Thatsache aber ist es, daß seit Einführung der Maschinen die Menge der Arbeitsgelegenheiten sich unglaublich vermehrt hat, daß der Wohlstand der Völker in außerordentlichem Maße gestiegen ist. „Die Güterproduktion, so führt Sybel aus, hat in allen Zweigen einen mächtigen Aufschwung genommen. Der Acker bringt mehr als doppelten Ertrag im Vergleiche mit dem vorigen Jahrhundert. Die Industrie erzeugt Wertmassen, deren Aufzeichnung der Anstrengung der statistischen Organisationen spottet. Im Besitze dieser kolossalen Reich-

---

[1]) Diese Ansicht verficht besonders Blanc. Die industrielle Wirtschaft, sagt er, ist „unter dem Namen der Konkurrenz der Kampf des Armen gegen die Maschine, welche bestimmt ist, ihn vor Hunger sterben zu lassen, indem sie ihn ersetzt." (Histoire des dix ans, III p. 90.) Und in einer Sitzung des Arbeiterkongresses im Luxembourg (am 3. April 1848) ruft er aus: „Die Maschine ist nichts als eine Keule, mit welcher der mit einem Patent versehene Erfinder seine Mitbewerber zu Boden schlägt und Legionen von Arbeitern die Arme zerschmettert." (Stein, D. soz. und kom. Bewegungen. S. 58.)
Aehnlich sangen auch die armen Weber von Brigthon:
    Ein König lebt, ein zorniger Fürst,
    Nicht des Dichters geträumtes Königsbild,
    Ein Tyrann, den der weiße Sklave kennt,
    Und der Dampf ist der König wild.
    Er hat einen Arm, einen eisernen Arm,
    Und ob er gleich nur einen trägt,
    In dem Arme schafft eine Zauberkraft,
    Die Millionen schlägt.
(Contzen a. a. O. S. 22.)
[2]) Pelletan a. a. O. p. 353 f.

tümer ertragen die Völker dreifache Steuerlasten leichteren Mutes, als vor hundert Jahren einfache."¹)

Diese Thatsachen sind der beste Beweis, daß die Maschine die Arbeitsgelegenheiten nicht vermindert, sondern sie vermehrt, dadurch, daß sie fortwährend neue Produktionsgebiete eröffnet und durch Verbilligung der Waaren die Konsumtionsgebiete erweitert.

Mac-Culloch erklärt diese Wirkung der Maschine auf folgende Weise: „Wenn neue Maschinen eingeführt werden, so nehmen sie Arbeitskräfte zu ihrer Anfertigung in Anspruch; wenn die mit den Maschinen erzeugten Fabrikate wohlfeiler werden, so muß sich dadurch die Konsumtion auch über die ärmeren Volksklassen ausbreiten und dadurch die Nachfrage nach denselben, also auch die Zahl der zu ihrer Produktion nötigen Arbeiter steigen. Sollte aber der verbesserte Industriezweig nur beschränkte Bedürfnisse befriedigen, so würden die Konsumenten darum nicht ihre Konsumtion vermindern, sondern dieselbe auf andere Fabrikate ausdehnen, die zu ihrer Produktion ebenfalls wieder Arbeit erfordern."²)

Noch weiter geht J. Say, welcher meint, daß der Mangel an Beschäftigung in den Handelskrisen nicht von der Anwendung der Maschinen herrühre, sondern sogar dadurch noch gemildert werde, weil die Unternehmer so lange fortarbeiten, als ihre Verluste den Capitalzinsen nicht gleichkommen, welche ihnen beim gänzlichen Stillstande der Maschinen verloren gehen."³) Man wird die Berechtigung dieses Einwandes nicht leugnen können, sobald man bedenkt, daß der Bergbau z. B. oft noch bis über diese Grenze hinaus betrieben wird.

Vor allem aber darf nicht übersehen werden, daß die sich stetig steigernde Anwendung der Dampfkraft immer neue Gewerbszweige und immer neue Betriebsarten der schon bestehenden ins Leben ruft, welche den Arbeitern immer neue Arbeitsgelegenheiten verschaffen und zwar meist weit lohnendere, als sie früher finden konnten.

---

¹) Vergl. Sybel, Ueber die Wirksamkeit der Staatsgewalt in sozialen und ökonomischen Fragen. Berlin 1875.
²) Vergl. Marlo a. a. O. 1 S. 58.
³) Vergl. ebenda I S. 56 f.

Haben wir aber erkannt, daß die Einführung der Maschinenarbeit die Arbeit der Menschen keineswegs überflüssig macht, sondern ihnen nur die unangenehmste und anstrengendste Arbeit abnimmt,[1]) daß sie im Gegenteil die Konsumtion und damit die Produktion vermehrt, so ist auch die Verfehltheit einer Maschinensteuer erwiesen. Dieselbe wäre in der That nur ein fortwährender Druck auf den Fortschritt der Produktion und würde so die Arbeitsgebiete beschränken, anstatt sie zu vermehren, also ebenso wie die vorhin erwähnte Zinstare ein Recht auf Arbeit nicht ermöglichen, sondern ihm entgegenarbeiten.

Die bisher geprüften Vorschläge bewegten sich in dem Gebiete der heutigen kapitalistischen Produktionsweise. Ein Teil der Sozialisten giebt nun selber zu, bei der heutigen Art zu produziren sei das Recht auf Arbeit allerdings nicht durchführbar,[2]) wohl aber bei der genossenschaftlichen Produktion des sozialistischen Zukunftsstaates. Sehen wir, wie sich die Sozialisten diese Zukunftsproduktion vorstellen.

„Um das Recht auf Arbeit zu ermöglichen, muß vor allem genau untersucht werden, wie viel innerhalb eines Volksganzen in gewissen Waaren konsumiert wird, ob der Konsum der einzelnen Waaren konstant bleibt, oder je nach der Jahreszeit oder dergl. wechselt, ob derselbe im allgemeinen steigt oder fällt, und um wie viel das geschieht."[3]) „Wenn eine Volkswirtschaft nun einen für alle ihre Mitglieder gültigen Produktionsplan entworfen hat, nach welchem jede allgemein nützliche Thätigkeit zu regeln sein soll, so muß sie unbedingt zugleich die Beaufsichtigung der Gesamtproduktion übernehmen, damit ihr Plan innegehalten und nicht hier und da von der

---

[1]) Le dix-neuvième siècle a trouvé l'âme de l'industrie dans une goutte de vapeur; il a versé cet âme dans la fonte, et il a créé un règne nouveau, le règne de la mécanique, le léviathan de fer, chargé de remplacer l'homme au travail, de le relever de faction pour le porter à la vie supérieure de l'intelligence. (Pelletan a. a. O. p. 349.
[2]) Dies gestand schon Blanc ein; vergl. Hist. de 1848, I p. 127.
[3]) Geiser, Die Forderungen des Sozialismus in Zukunft und Gegenwart. Braunschweig 1876, S. 13.

Willkür Einzelner durchkreuzt werde."¹) „Die bisherige planlose Produktion soll durch eine „planvolle" ersetzt werden."²)

Wie die Verwirklichung dieser phantastischen Träume vor sich gehen soll, darüber sind die Ansichten der sozialistischen Schriftsteller ebenso unklar, wie abweichend von einander; einig sind sie nur darin, daß „an die Stelle verrotteter Einrichtungen völlig neue und lebensfähige"³) gesetzt werden müssen. Statt nun diese nebelhafte Unbestimmtheit ihrer Ziele als eine Schwäche jener Ideen anzuerkennen, versuchen sie vielmehr, dies als eine Stärke derselben hinzustellen. „Gerade aus der Vielseitigkeit der möglichen Auswege muß die gewisse Zuversicht gefolgert werden, daß absolute Hindernisse gegenüber der Schöpfung eines sozialistischen Zustandes garnicht vorkommen können, weil eben von den verschiedenen Umgestaltungsmöglichkeiten höchstens die eine oder die andere, nicht aber alle zugleich einer Durchkreuzung ausgesetzt werden."⁴)

So ungefähr ist der Traum des sozialistischen Zukunftsstaates, eines Zustandes, dessen Unhaltbarkeit Knies mit folgenden Worten charakterisirt hat:

„Der konsequente, systematisch ausgebildete Sozialismus beschwört die allgemeine Staatsgewalt zu jeder Stelle herbei, erwartet Alles von einer neuen Organisation der Produktion und des Verkehrs, hebt die Freiheit des Individuums vollständig auf, läßt Alles von dem Wollen des Menschen abhängig und für es erreichbar erscheinen, macht die persönliche Arbeit, wohl gar nur die körperliche, zum ausschließlichen Faktor der Produktion und zur Vorbedingung für die Teilnahme am Verzehr, sieht vorab auf die (so sehr ungleiche) Konsumtion, glaubt an die Unwirksamkeit der selbstliebigen Triebe und an die Allgemeinheit der Aufopferungsfreude und macht die Gesamtheit verantwortlich für das Loos des Einzelnen. Man entseelt das Individuum, um aus einer unterschiedslosen Masse die materielle Not zu entfernen, und indem man die Ordnung auch als Stagnation und Tod verlangt, will man sogar die verschiedene

---

¹) Ebenda S. 14.
²) Bebel, Unsere Ziele. Leipzig 1875, S. 31.
³) Most, Die socialen Bewegungen im alten Rom und der Cäsarismus. Berlin 1878, S. 112.
⁴) Most, Lösung der socialen Frage. Berlin 1876, S. 196.

natürliche Begabung des Menschen als die erste Wurzel des ungleichen Besitzes durch eine entgegengesetzt verschiedene Erziehung ausgeglichen sehen."¹)

An Stelle der Ausbeutung des Schwachen durch den Starken würde der Kommunismus, um ein geistreiches Wort Proudhon's zu gebrauchen, die "Ausbeutung des Starken durch den Schwachen" setzen. ²)

Alle Träume, die man von einem sozialistischen Zukunftsstaate hegt, beruhen eben auf einer völligen Verkennung der thatsächlichen Dinge. Thöricht ist es zu glauben, daß eine Organisation der Gesellschaft, welche das Streben nach dem Eigenwohl durch das Interesse für die Allgemeinheit ersetzen will, größere Erfolge aufzuweisen vermöchte als die jetzt vorhandene, solange noch der Egoismus im Menschen mächtiger ist als die Nächstenliebe, d. h. solange die Menschen eben Menschen sind. Eine außerordentliche Verminderung der Produktion als Folge der Verminderung aller Triebe zu Arbeit und Fleiß ist die unabwendbare Folge jener nichtkapitalistischen Produktionsweise, und „so würde man, um die Leibesnahrung Allen zu garantieren, alle Güter des menschlichen und staatlichen Lebens preisgeben." ³)

Soweit man diese sozialistischen Theorien in die Praxis zu übertragen versuchte, hat diese in der That die Unzulänglichkeit jener Theorien glänzend bestätigt, obwohl es sich hier um kleinere Gemeinwesen handelte, in welchen die Durchführung

---

¹) Knies, Pol. Oek. S. 292 f.
²) Proudhon, Qu'est-ce que la propriété? Paris 1840, p. 283.
³) Knies, Pol. Oek. S. 293.
Eine originelle Kritik des Kommunismus enthält das merkwürdige Werk von Stirner: „Der Einzige und sein Eigentum." Leipzig 1845. „Ist erst das Eigentum abgeschafft, heißt es dort (S. 155), so werden wir alle gleiche — Lumpe. Für jetzt ist noch Einer in der Schätzung des Andern ein „Lump", „Habenichts"; dann aber hört diese Schätzung auf. Wir sind allzumal Lumpe, und als Gesamtheit der kommunistischen Gesellschaft können wir uns „Lumpengesindel" nennen. Wenn der Proletarier seine beabsichtigte „Gesellschaft" wirklich gegründet haben wird, dann ist er Lump, denn er weiß sich etwas damit, Lump zu sein, und könnte „Lump" so gut zu einer ehrenden Anrede erheben, wie die Revolution das Wort „Bürger" dazu erhob."

In ähnlichem Sinne sagte Moltke einmal: In dem Augenblick, wo wir alle gleich reich geworden sind, sind wir alle gleich arm geworden.

jener Pläne noch viel weniger widersinnig erscheint, als in dem Gebiete eines großen Volksganzen. Die praktischen Versuche Owen's und die sozialistischen Experimente nach Fourier in Nordamerika sind samt und sonders gescheitert.[1]

Wir haben also gesehen, daß Alles, was man zur Durchführung eines Rechtes auf Arbeit vorgeschlagen hat, in keiner Weise geeignet ist, dasselbe auch nur annähernd zu verwirklichen, daß alles dies im Gegenteil verschlimmern würde, wo es verbessernd wirken sollte.

d. Gerechtigkeit eines Rechtes auf Arbeit.

Setzen wir nun den Fall, es fände sich irgend ein findiger Kopf, der doch einen Weg entdeckte, das Recht auf Arbeit praktisch zu verwirklichen, nehmen wir an, es gelänge ihm, die hierzu nötige internationale Regelung zu erreichen, lassen wir ferner alles außer Acht, was wir über die Unzweckmäßigkeit der Gewährung dieses Rechtes gesagt haben: würde in diesem Falle das Recht auf Arbeit eine Institution sein, welche der Menschheit zum Nutzen gereichte? Auch diese Frage muß bei näherer Betrachtung entschieden verneint werden.

Es liegt auf der Hand, daß ein Recht auf Arbeit jedem nur die gerade zu der Zeit vorhandene oder zu beschaffende Arbeit gewähren könnte, in den bei weitem meisten Fällen also gewöhnliche Tagelöhnerarbeit. Dies geben die Sozialisten auch zu. „Es ist klar, sagt in diesem Sinne einer der Verteidiger jenes Rechtes, daß bei den Notarbeiten immer nur gewöhnliche Tagelöhnerarbeiten in Frage kommen können, wie Holz hauen, Steine klopfen, Erde karren, Straßen kehren, Düngergruben reinigen u. dergl. Freilich sind diese Arbeiten, heißt es dort weiter, für einen brotlosen Goldarbeiter, einen stellungslosen Kaufmann oder

---

[1] Vergl. Semmler, Geschichte des Sozialismus und Kommunismus in Nord-Amerika. Leipzig 1880. — Nicht besser erging es den von Popow in Rußland eingerichteten kommunistischen Gemeinwesen, die sich nach kurzer Zeit auf allgemeinen Wunsch der Beteiligten auflösten; vergl. Tägliche Rundschau vom 18. März 1890 („Kommunisten in Rußland" von Roskoschny.).

Landwirt, nicht angenehm; aber geschändet wird durch solche Arbeiten kein Mensch."¹)

Jener Schriftsteller übersieht, wie alle Sozialisten, vollständig, daß die Kräfte eines „stellungslosen Kaufmanns" keineswegs ausreichen, sich etwa durch Steine klopfen seinen Unterhalt zu erwerben. Seine Hände würden nach einer Stunde dieser ungewohnten Arbeit erlahmen. „Kann man, so ruft schon Thiers aus, Leuten, welche mit dem Weberschiffe oder mit dem Grabstichel umgehen, eine Schaufel in die Hände geben?"²) Würde denselben nun doch der volle Lohn ausgezahlt werden, wie ihn der hierin geübte Arbeiter erhält, so wäre dies nichts als ein verkapptes Almosen. Ein wahres Recht auf Arbeit müßte also das Unmögliche möglich machen, jedem eine seinen Kräften und Fähigkeiten entsprechende Arbeit zu geben.

Weiter ist folgendes zu beachten:

Eine der beliebtesten Phrasen, mit denen man das Recht auf Arbeit zu verteidigen sucht, lautet also: „Das Recht auf Arbeit ist notwendig, um die freie Entwicklung der Persönlichkeit zu bewirken, um dem Menschen die Erfüllung der sittlichen Aufgabe auf Erden, die ihm als Glied der menschlichen Gemeinschaft, als Mitglied eines Staatswesens gestellt ist, zu ermöglichen."

Diese Verteidigung ist in Wahrheit die schärfste Anklage gegen das fragliche Recht. Vermag denn Steine klopfen die Individualität eines Göthe zu entwickeln? Ist Erde schaufeln die sittliche Aufgabe eines Humboldt?³) Sollte also ein Recht auf Arbeit wirklich irgend welchen natur- und vernunftgemäßen Anforderungen entsprechen, so müßte es einem neuen Göthe einen Posten als Nationaldichter, einem Mommsen einen Lehrstuhl für Geschichte geben. Kurz, das Recht auf Arbeit müßte Dinge vollbringen, die selbst für die Wünschelrute im Volksmärchen zu gewaltig wären.

---

¹) Witte a. a. O. S. 35.
²) Thiers, lieber das Eigentum. Ueberf. Mannheim 1848, S. 181.
³) Ein sozialdemokratischer Reichstagsabgeordneter bezeichnete es in einer Wahlrede allerdings als „erwünscht, daß auch die Professoren die Straße zu kehren hätten." Vergl. Frankfurter Journal vom 27. Februar 1890.

Daß ferner das Recht auf Arbeit nicht im geringsten geeignet ist, die freie Entwicklung der Persönlichkeit zu ermöglichen, sondern dieselbe im Gegenteil hemmen und ersticken müßte, ist bereits an anderer Stelle dargelegt worden. „Was wir uns selbst gewinnen an Freude und Leid durch eigenes Wagen und eigene Werke, das ist doch immer der beste Inhalt unseres Lebens,"[1]) sagt jener Dichter, welcher der Arbeit ihren Platz in der Literatur errang.

So haben wir denn gezeigt, daß selbst der humanste Standpunkt keinen einzigen Grund für die Gewährung des Rechtes auf Arbeit bietet, daß ferner diese Gewährung im höchsten Grade verderblich wirken müßte, da jenes Recht die wertvollsten Eigenschaften des menschlichen Charakters schwächen oder gar vernichten würde, daß sodann die Durchführung eines solchen Rechtes an der Klippe der physischen Unmöglichkeit scheitern müßte, und daß endlich, die Verwirklichung desselben in einer andern Welt als der heute bestehenden vorausgesetzt, dieses sogenannte Recht in Wahrheit die krasseste Ungerechtigkeit wäre.

Das Recht auf Arbeit ist eben nur der Traum einer krankhaft erregten Phantasie. „Das Höchste an Freiheit und Gleichheit, was erreicht werden kann, ist das Recht, daß jeder seine Kräfte unter gleichen Bedingungen frei verwenden dürfe, und selbst dieses Recht wird besten Falls nur annähernd verwirklicht."[2])

---

[1]) Freytag, Die Ahnen. Leipzig 1885, VI S. 399 f.
[2]) Schäffle, Bau und Leben. II S. 149.

Der moderne Pessimismus.

Wir haben im vorhergehenden gezeigt, daß alle Mittel verfehlt sind, welche die Sozialisten zur Heilung des nach ihrer Behauptung vorhandenen Mißstandes, der eine Menge Menschen zur Arbeitslosigkeit verdamme, vorgeschlagen haben. Wenn nun die Volkswirtschaftslehre nichts anderes thun könnte, als gegen alles Einwendungen vorzubringen und darzuthun, daß alles, was man zur Heilung der Schäden in der modernen Kultur vorgeschlagen hat, falsch ist, so wäre dies eine vielleicht notwendige, jedenfalls aber sehr undankbare Aufgabe. „Wenn ein Zustand, welcher einen Teil der Menschen zur Arbeitslosigkeit verdammt, ihr Leben also zu einem verfehlten macht und sie zwingt, durch die Gnade ihrer Mitmenschen ein kümmerliches Dasein zu fristen, wenn ein solcher Zustand thatsächlich vorhanden wäre, so würde es, um mit Stuart Mill zu reden, unfaßbar sein, wie jemand, der seiner Vernunft mächtig ist, dazu kommen sollte, sich weiter um die Bestimmung des Menschengeschlechtes zu bekümmern. Die einzige Weisheit würde dann darin bestehen, mit epikureischer Gleichgiltigkeit für sich und diejenigen, für die man ein Interesse empfindet, dem Leben so viele persönliche Befriedigung, als es ohne Beeinträchtigung anderer gewähren kann, abzugewinnen und das bedeutungslose Gewühl der sogenannten civilisirten Existenz unbeachtet vorübergehen zu lassen."[1])

---

[1]) Stuart Mill a. a. O. VI S. 33.

Zu einer derartigen pessimistischen Ansicht ist jedoch kein Grund vorhanden. Es ist nicht denkbar, daß wirklich andauernd eine größere Menge von Arbeitskräften vergeblich nach Arbeit verlangen könnte; das so vergrößerte Arbeitsangebot müßte notwendig ein allgemeines Sinken des Lohnes zur Folge haben. Daß aber in den letzten Jahrzehnten ein außerordentliches Steigen des Arbeitslohnes stattgefunden hat, ist eine von niemand bestrittene Thatsache.[1]) Dieses nun widerlegt schlagend die Hypothese der stetig steigenden Arbeitslosigkeit. Ein ähnlicher Gedankengang schwebte Thiers vor, als er sagte: „Wenn es unter den gewöhnlichen Verhältnissen eine Anzahl von Händen gebe, welche keine Felder zum Bebauen fänden, so müßten die Gewerbe aller Arten, die Spinnereien und Schmieden, zu Grunde gehen."[2])

Alle jene Schriftsteller, welche ein stetiges Steigen der Armut, eine fortwährende Vermehrung der brotlosen Arbeiter in dem Fortschreiten der Kultur zu erblicken meinen,[3]) befinden sich in einem ganz entschiedenen Irrtum. Die Gründe, welche

---

[1]) Macaulay (History of England. Leipzig 1849, I p. 414.) kommt bei der Betrachtung Englands im Jahre 1685 zu dem Resultat, daß der Arbeiter zu seiner Zeit (Mitte des 18. Jahrh.) im Durchschnitt den doppelten Lohn erhalte. Nach Biedermann (Deutschland im 18. Jahrhundert. Leipzig 1854, I S. 387 ff.) waren schon in der Mitte unseres Jahrhunderts die Arbeitslöhne in vielen Berufsarten auf das Doppelte, ja, zum Teil auf das Dreifache gestiegen, im Vergleich zum vorigen Jahrhundert, während die meisten Lebensbedürfnisse nicht mehr als um die Hälfte gestiegen, einzelne (z. B. die meisten Bekleidungsstoffe) sogar billiger geworden waren. Foville (La transformation des moyens de transport. Paris 1880, p. 362.) zeigt, daß der Preis aller Dinge seit der Restauration um etwa ein Drittel, der durchschnittliche Arbeitslohn dagegen um drei Viertel gestiegen ist; und Oechelhäuser (Die Arbeiterfrage. Berlin 1886, S. 11.) berechnet, daß sich in den letzten vierzig Jahren die Arbeitslöhne mindestens verdoppelt haben, während der Ertrag des Kapitales im gleichen Zeitraume um mindestens 25 % zurückgegangen ist.

[2]) Thiers, Ueber b. Eigentum. S. 180.

[3]) Lange (Arbeiterfrage. Winterthur 1879, S. 61.) nennt die heutige Zeit die des „industriellen Faustrechts"; und Lassalle ruft aus: „Arbeiterstand und Handwerkerstand bilden in unserer Gesellschaft eine wirthschaftliche Abteilung, über welcher die Inschrift der Danteschen Hölle steht: Die ihr hier eintretet, lasset alle Hoffnung fahren!" (Herr Bastiat-Schulze von Delitsch. Berlin 1864, S. 29.)

zu dieser schwerwiegenden Irrung geführt haben, sind unschwer zu erkennen.

In früheren Zeiten fanden sich nur wenige, welche ein Interesse daran hatten, das Elend der Massen aufzudecken; Männer, wie Vauban, hat es nicht viele gegeben. Ja, es lag im Gegenteil im Interesse der Regierung, über die mißliche Lage des Volkes einen möglichst dichten Schleier zu ziehen. Heute ist dies ganz anders geworden. Eine mit den umfangreichsten Mitteln bewaffnete Statistik bringt bis in die Hütte des niedersten Arbeiters und verkündet der staunenden Mitwelt, wie weit das Elend der Menschen steigen kann. Zahllose, von der Regierung aufgestellte Enqueten sind ständig bemüht, jeglichen Mißstand, unter dem die Arbeiterbevölkerung leidet, zu allgemeiner Kenntnis zu bringen. Giebt es doch literarische Schulen, deren Metier es ist, den Vorhang vor dem Elend des Volkes fortzuziehen und ein verehrliches Publikum zu dem ergötzlichen Anblick einzuladen. So erscheint uns naturgemäß die heutige Zeit, über die wir eben genau unterrichtet sind, weit schlimmer, als jene „gute, alte Zeit", die wir allzu gern in dem verschwommenen Lichte mittelalterlicher Romantik zu betrachten lieben. „Das Elend des Volkes, um ein Wort Engländers zu gebrauchen, liegt heute schon auf einem Parabebette, ehemals war es versteckt in einem Winkel."[1]

Ferner muß man die durch die Steigerung der Kultur erhöhten Ansprüche der unteren Volksklassen in Betracht ziehen; durch die Erhöhung ihres geistigen Niveaus ist auch das Streben intensiver geworden, ihr materielles Wohl in entsprechendem Maße zu verbessern, sodaß man wohl sagen kann: „Nicht die Zahl der Notleidenden, sondern die Zahl der Unzufriedenen ist gestiegen."[2]

Ein anderer Grund, der dazu geführt hat, den Mangel an Arbeit weit zu überschätzen, ist folgender:

Das größte Elend, die meiste Arbeitslosigkeit drängt sich in den großen Städten zusammen, weil dort jeder am ehesten Aussicht zu haben meint, lohnende Beschäftigung zu finden. Diese so konzentrirte Arbeitslosigkeit fällt natürlich am stärksten

---

[1] Engländer a. a. O. I S. 2.
[2] Oechelhäuser a. a. O. S. 3.

der Beobachtung anheim und läßt so den Arbeitsmangel weit größer, als er in Wahrheit ist, erscheinen. Auch ist gerade in den großen Städten die Statistik am besten entwickelt, was die so entstehende Täuschung über die thatsächlich allgemein vorhandenen Zustände noch vergrößert.

Diese trübe Anschauung von den heutigen Zuständen ist noch verstärkt worden dadurch, daß man sich gewöhnt hat, den Vermehrungstrieb der Menschen in hohem Grade zu überschätzen. Die meisten Schriftsteller, welche sich mit diesem Gegenstande beschäftigten, haben Amerika als Beispiel für die Stärke des Vermehrungstriebes angeführt.[1]) Ein unglücklicheres Beispiel konnte garnicht gewählt werden. Man vergaß dabei ganz, daß der fast unerschöpfliche Reichtum an fruchtbaren, noch unangebauten Ländereien gegenüber dem Mangel an Arbeitskräften, ihn zu bearbeiten, eine ganz außerordentliche, ungewöhnlich starke Bethätigung des Vermehrungstriebes hervorrufen mußte.

So sehen wir, wie Irrtum auf Irrtum sich häufte, um diese falsche Ansicht von den heutigen Zuständen zu erzeugen. Ein ganz anderes Bild geben uns im Vergleich hierzu die auf Grund der Statistik gewonnenen Resultate. Emminghaus z. B. gelangt durch genaue statistische Erhebungen zu dem Resultat, daß fast überall in Europa, für die Armenpflege mag welches System immer gewählt sein, die Zahl der öffentlich Unterstützten in den letzten zwanzig Jahren (geschr. 1870) abgenommen hat, daß die öffentliche Unterstützung für jeden einzelnen eine dem Geldbetrage nach reichlichere geworden ist.[2]) Derartige Thatsachen aber widersprechen energisch der Behauptung, der Mangel und die Arbeitslosigkeit seien größer geworden; denn da die Zahl der öffentlich Unterstützten geringer, die Fürsorge für die Armen aber fraglos größer geworden ist, läßt sich in zwiefacher Hinsicht eine Abnahme der Armut konstatiren.

Zu denselben Ergebnissen gelangt, trotz seiner oft allzu

---

[1]) Z. B. Mehring: „Jede Bevölkerung hat eine natürliche Tendenz, generationenweise in einem rapiden Verhältnisse zuzunehmen, und zwar zeigt die Erfahrung namentlich der Vereinigten Staaten von Nordamerika, daß je in einem Zeitabschnitte von 25 Jahren eine Verdoppelung stattfinden kann." (Die deutsche Sozialdemokratie. Bremen 1877, S. 152 f.)

[2]) Emminghaus, a. a. O. S. 725 f.

pessimistischen Ansichten, auch Stuart Mill: „Die Erfahrung zeigt uns, daß das Andrängen der Bevölkerung gegen die Subsistenzmittel in dem gegenwärtigen Zustande der Gesellschaft zwar ein großes, aber doch kein wachsendes Uebel ist; der Fortschritt alles dessen, was man unter dem Namen der Civilisation zusammenfaßt, zielt vielmehr darauf ab, dieses Uebel zu verringern, zum Teil durch die raschere Vermehrung der Mittel zur Beschäftigung und Ernährung der Arbeitenden, zum Teil durch die erhöhte Leichtigkeit, welche der Arbeit geboten wird, sich nach neuen Ländern und auf bisher unangebaute Arbeitsgebiete zu übertragen, und zum Teil durch einen allgemeinen Fortschritt in der Einsicht und Bedachtsamkeit der Bevölkerung."[1])

Wenn wir nun zu der Ansicht gekommen sind, daß ein in größerem Maße auftretender perpetueller Arbeitsmangel keineswegs zu den begleitenden Umständen unserer soviel geschmähten modernen Zeit gehört, daß nur eine pessimistische Verkennung der Thatsachen ihn derselben aufoctroyirt hat, so soll damit ein hin und wieder, besonders zur Zeit der Geschäftsstockungen, auftretender Mangel an Beschäftigung keineswegs geleugnet werden. Es gehört jedoch nicht in den Bereich unserer Aufgabe, die Heilmittel derartiger Gebrechen einer Erörterung zu unterziehen, zu entscheiden, ob Staatshilfe oder Selbsthilfe die richtige Parole sei, ob also in solchen Fällen der Staat durch Anweisung von Notarbeiten einzuschreiten habe, oder ob richtig organisirte Gewerkvereine einen genügenden Schutz gegen jene Uebelstände bilden.[2])

Unsere Aufgabe war es zu zeigen, daß nicht allein das von den Sozialisten geforderte Recht auf Arbeit in jeder Beziehung zu verwerfen sei, sondern daß auch „die allgemeine Verschlimmerung in der Lage der Arbeiterklassen," womit man jene Forderung zu rechtfertigen versucht hat, eine vage Behauptung ist, die mit den Thatsachen in direktem Widerspruch steht. —

---

[1]) Mill a. a. O. XII S. 190 f.
[2]) Voraussichtlich wird von den beiden Schlagworten „Staatshilfe" und „Selbsthilfe" keins das andere verdrängen, sondern beides wird sich vereinigen müssen, um eine befriedigende Lösung zu erzielen. „Zum Sehen bedarf man, um ein schönes Wort Bensens zu gebrauchen, nicht blos des Lichtes, sondern auch eines gesunden Auges, welches geeignet ist, das Licht in sich aufzunehmen." (Die Proletarier. Stuttgart 1847, S. 477.)

Wie übertrieben aber auch die Ansichten über die Mängel und Schwächen der heutigen Gesellschaftsordnung sind, es wäre doch ein ebenso schwerwiegender Irrtum, in den entgegengesetzten Fehler zu verfallen und in optimistischer Verkennung der Thatsachen den heutigen Zustand für einen durchaus wünschenswerten und fehlerfreien zu erklären. Ueberall sehen wir Mißstände, Not und Elend; vergeblich ist es, diese Thatsachen leugnen zu wollen. Jede Hand, die sich zitternd nach einem Stück Brot ausstreckt, jeder Arbeiter, der flehend nach Arbeit jammert, vernichten mit einem Schlage die Theorie von der Vollkommenheit der heutigen Zustände, die uns von den Vertretern des laisser faire mit soviel Begeisterung gepriesen wird. Es ist daher die vielleicht schwerste, aber auch sicher höchste Pflicht, unermüdlich an einer stetigen Verbesserung unserer wirtschaftlichen Zustände zu arbeiten; und sicherlich, das ist unser Trost und unsere Hoffnung für die Zukunft, hat keine Zeit mehr hierin gethan als das letzte Decennium.

Es kann noch viel, sehr viel geschehen, aber, das müssen wir uns stets vorhalten, es kann nicht alles geschehen. „In jedem Kleide werd' ich wohl die Pein des engen Erdelebens fühlen." Auch jede Form des wirtschaftlichen Lebens wird immer ihre Mängel und Schwächen haben. Das menschliche Leben kann wohl nach Vollkommenheit streben, sich ihr vielleicht allmälig nähern, sie erreichen niemals. Immer wird es Dinge geben, die sehr vorteilhaft und wünschenswert, aber nun einmal nicht erreichbar sind; was nützt es da, die Vorsehung anzuklagen, daß sie die Erde so unvollkommen geschaffen? Menschen, die krank oder als Krüppel geboren werden, sind auch zu beklagen, trotzdem giebt man ihnen keine Entschädigung für diese Härte der Natur, kann ihnen keine geben. Voraussichtlich niemals werden Not und Sorge, Armut und Elend von der Erde verschwinden; das einzige, was unsere geringe Kraft vermag, ist, sie nach Möglichkeit zu lindern.

„L'homme se plaindra toujours et aura toujours quelque sujet de se plaindre!"[1])

---

[1]) Foville a. a. O. p. 362.

Druckfehlerverzeichnis.

S. 2 Z. 15:   Statt töricht   lies thöricht.
„ 7 „ 9 b. A.:   „ Arbeitern   „ Arbeiter.
„ 17 „ 10:   „ aufoktroirt   „ aufoktroyirt.
„ 17 „ 4 b. u.:   „ ben   „ bem.
„ 26 „ 6 „ „:   „ Zoëga   „ Zoëga.
„ 34 „ 14 „ „:   „ auf, 12   „ auf 12,
„ 38 „ 7:   „ dèclaration   „ déclaration.
„ 39 „ 2:   „ Komite   „ Komité.
„ 41 „ 14:   „ Malouets   „ Malouet's.
„ 43 „ 10 & 1 b. u.: „ Komites   „ Komites.
„ 75 „ 1 b. A.:   „ Kontzen   „ Contzen.
„ 104 „ 14 v. u.: „ Kosumtion   „ Konsumtion.